CB136552

GRÁTIS 30 DIAS GRÁTIS

Na Ubook você tem acesso a este e outros milhares de títulos para ler e ouvir. Ilimitados!

Audiobooks Podcasts
Músicas Ebooks Notícias
Revistas Séries & Docs

Junto com este livro, você ganhou **30 dias grátis** para experimentar a maior plataforma de audiotainment da América Latina.

Use o QR Code

OU

1. Acesse **ubook.com** e clique em Planos no menu superior.
2. Insira o código **GOUBOOK** no campo Voucher Promocional.
3. Conclua sua assinatura.

ubookapp ubookapp ubookapp

ubook
Paixão por contar histórias

Kevin N. Laurence

COLOQUE A MÁSCARA **PRIMEIRO EM VOCÊ**

17 hábitos para ter sucesso nos negócios e na vida

TRADUÇÃO
UBK Publishing House

ubook UBK Publishing House

© 2017 Kevin N. Lawrence
Copyright da tradução © 2021, Ubook Editora S.A.

Publicado mediante acordo com DropCap Rights Agency. Edição traduzida do livro *Your Oxygen Mask First: 17 Habits to Help High Achievers Survive & Thrive in Leadership & Life*, publicado por Lioncrest Publishing.

Todos os direitos reservados. Nenhuma parte deste livro pode ser utilizada ou reproduzida sob quaisquer meios existentes sem autorização por escrito dos editores.

ubook UBK
Publishing House

COORDENAÇÃO	Alessandra Brito
EDIÇÃO	Fernanda Barreto
COPIDESQUE	Christian Danniel
REVISÃO	Vivian Sbravatti e Nádia Maia
CAPA	Bookallbook
DIAGRAMAÇÃO	Studio Oorka
IMEGEM DE CAPA	tonefotografia | adobestock.com

Dados Internacionais de Catalogação na Publicação (CIP)
(Câmara Brasileira do Livro, SP, Brasil)

Lawrence, Kevin N.
Coloque a máscara primeiro em você : 17 hábitos para ter sucesso nos negócios e na vida / Kevin N. Lawrence ; tradução UBK Publishing House. -- Rio de Janeiro : Ubook Editora, 2021.

Título original: Your oxygen mask First: 17 habits to help high achievers survive & thrive in leadership & life
ISBN 978-65-5875-640-8

1. Habilidade executiva 2. Liderança 3. Sucesso nos negócios I. Título.

21-63721 CDD-658.4092

Ubook Editora S.A
Av. das Américas, 500, Bloco 12, Salas 303/304,
Barra da Tijuca, Rio de Janeiro/RJ.
Cep.: 22.640-100
Tel.: (21) 3570-8150

Para minha família, que sempre apoia meus planos loucos, e para meus clientes, que sempre me desafiam a aprender.

SUMÁRIO

INTRODUÇÃO

"A vida não deve ser uma jornada ao túmulo com a intenção de chegar com segurança em um corpo bonito e bem preservado, mas sim um deslizar por entre nuvens de fumaça, dando tudo de si, desgastando-se completamente, e em voz alta dizer: 'Uau! Que jornada!'"
HUNTER S. THOMPSON, Jornalista e Autor

A maioria dos conselhos é um absurdo

Há um bilhão de livros de liderança no mercado, então você pode estar se perguntando: por que me incomodar com este aqui? Escrevi este livro porque a grande verdade é que a maioria dos conselhos oferecidos a líderes empresariais é um completo absurdo.

Muitos autores bem-intencionados regurgitam ideias que, em minha experiência, simplesmente não correspondem às circunstâncias práticas dos líderes.

Não é que esses escritores estejam totalmente errados, seus conselhos podem funcionar bem para pessoas normais e comuns. Mas aqueles que alcançam altos resultados têm necessidades específicas que exigem uma forma distinta de pensar.

Nos últimos vinte anos, especializei-me em ajudar CEOs, executivos e outros grandes empreendedores a sobreviver ao sucesso para que possam enfrentar desafios cada vez maiores. Eu os ajudei a crescer, não apenas profissional, mas pessoalmente. Ao longo do caminho, estudei e testei a maioria das teorias de liderança conhecidas pela humanidade.

Este livro é um resumo conciso, mas de longo alcance, das melhores informações e ferramentas que descobri em duas décadas de treinamento e aconselhamento. Eu me propus a entregá-lo a você sem nenhum impedimento.

É minha natureza contar as coisas como elas são. Eu não meço as palavras. Eu não dou notícias gentilmente. Eu digo o que precisa ser dito, mesmo quando a verdade é desconfortável. Considere isto um aviso.

A vantagem da dicotomia

Caso você ainda não tenha notado, a liderança é uma forma completamente louca de passar sua vida. Mas ela também é extremamente surpreendente, e essa é a dicotomia.

A vantagem da liderança é que sua vida se torna estimulante e gratificante além do imaginável. Você constrói as coisas mágicas com as quais sonhou.

Você testa seus limites pessoais e experimenta vitórias enormes e inimagináveis que o fazem sentir como se estivesse no pico do Everest.

Você conhece pessoas fascinantes e constrói relacionamentos duradouros que informam como você vê o mundo.

Quer seja uma startup em sua garagem, uma divisão de uma multinacional, uma empresa familiar que você herdou — ou qualquer outra situação — a liderança lhe consome, e muda você para sempre.

No final das contas, se você fez tudo certo, deixará este mundo um pouco ou muito melhor do que o encontrou.

Isso é o que eu chamo de uma vida que vale a pena viver.

O lado sombrio da dicotomia

As pessoas raramente falam sobre o lado sombrio da liderança.

A dura verdade é que a liderança pode esmagar pessoas feitas de aço. Você vivencia momentos tão intensos que se pergunta se vai conseguir sair vivo — que dirá com seu negócio intacto.

A pressão pode parecer tão insuportável que você questiona por que escolheu esta vida. Às vezes, parece que todo o peso de sua empresa está recaindo sobre você. Você precisa tomar decisões difíceis que afetam a vida e a carreira das outras pessoas.

Nesses momentos você se pergunta se tem estômago para tudo isso. Questiona sua inteligência, sua capacidade e, nos momentos mais sombrios, até mesmo sua sanidade.

Elvis

Meu fascínio pela dicotomia de liderança começou em um dia de verão em 1977, quando o ícone musical de uma geração, Elvis Presley, morreu na tenra idade de 42 anos. Eu era um garoto na época, mas ouvir essa notícia me impactou duramente.

Não conseguia entender como alguém com tanto para viver poderia se autodestruir mesmo com tanta vida pela frente. Isso não fazia sentido.

À medida que cresci, muitas vezes, refletia sobre pessoas incríveis que eram destruídas pelo sucesso e me perguntava o que diabo estava errado. Pessoas como Marilyn Monroe, Janis Joplin, Jimmy Hendrix e Kurt Cobain me intrigavam e me fascinavam.

Sempre senti que tinha que haver uma explicação, uma causa evitável. Eu queria saber o segredo para alcançar um enorme sucesso, sem ser abalado por ele.

Por fim, fiz da minha missão, e da minha carreira, desvendar a dicotomia da liderança. Comprometi-me a entender por que algumas pessoas triunfam enquanto outras são pisoteadas.

Após duas décadas de pesquisa e observação, posso dizer a você que a diferença não tem quase nada a ver com talento, dinamismo ou perseverança.

Tudo se resume a isso: *se você acredita no mito do martírio, você será atingido por seu próprio sucesso.*

O mito do martírio

É provável que você acredite que, literalmente, *não* há tempo em sua vida para cuidar de si mesmo, para se envolver em atividades que são só para você.

Você acredita, como líder, cônjuge, pai, organizador comunitário — qualquer que seja a combinação de papéis que você desempenhe — que esses papéis superam e muito suas próprias necessidades pessoais.

Você está condicionado a acreditar que a vida adulta, e a liderança, são assim.

Este é o mito do martírio; a mentira sombria que faz os líderes se sentirem culpados por terem necessidades humanas.

Mas é *impossível* conduzir uma empresa ao seu maior potencial se você não estiver em seu estado mais forte como indivíduo.

Portanto, se alguma vez você se sentir profundamente esgotado ou aflito por seus negócios, saiba que isso não é um sinal para desacelerar ou desistir. É um sinal de que você está se sentindo sufocado e precisa de uma nova abordagem para sobreviver ao sucesso.

Não há meio termo com a liderança. Ou ela destrói lentamente sua vida ou o obriga a ficar mais forte.

Você precisa de oxigênio

A solução é simples: você precisa de oxigênio. E em grande quantidade. O tempo todo.

Em uma crise de avião, você deve colocar sua própria máscara primeiro para que tenha o oxigênio necessário para sobreviver e ajudar os outros. Seu primeiro instinto pode ser ligar o modo de resgate, mas você não tem utilidade para ninguém se não puder respirar.

A liderança não é diferente. Você precisa se colocar em primeiro lugar. Você precisa ser egoísta.

Bem, você precisa saber que eu não defino egoísmo como manipular as situações para seu próprio benefício.

Trata-se de dar a si mesmo permissão para se colocar em primeiro lugar. Trata-se de fazer de suas necessidades uma prioridade inabalável, para que você seja forte e resiliente o suficiente para estar a serviço dos outros.

Pode parecer que você é livre para gastar cada grama de sua energia em seus negócios e com as pessoas de quem gosta, mas esta visão míope é exatamente a razão pela qual tantos líderes fracassam.

Você está sendo espremido

A maioria dos líderes vê o mundo em duas categorias: trabalho e vida. A vida é uma síntese para tudo o que não se refere a negócios. Vida geralmente representa todas as pessoas e causas fora do trabalho que importam para você.

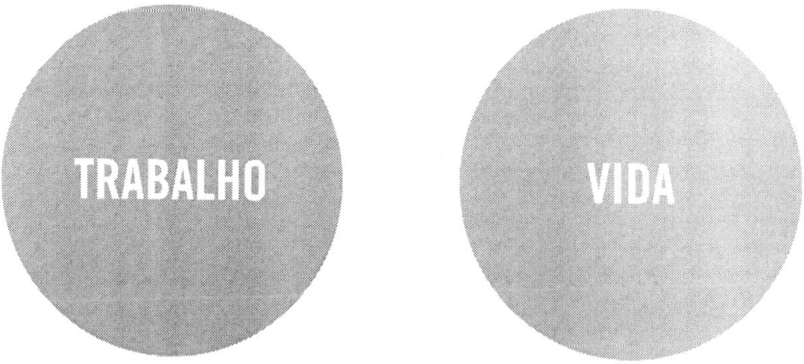

Mas espere um pouco. Algo crucial está sendo totalmente espremido... o quê? Ah sim, é *você*. Seu *Ego está* sendo espremido.

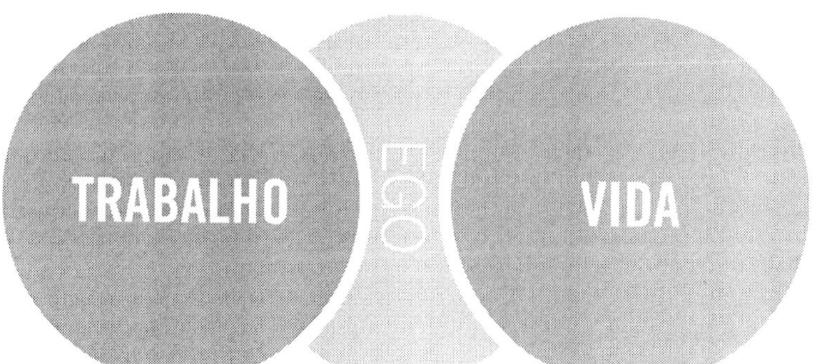

Você se lembra da sua adolescência, de quando tinha vinte e poucos anos? Você provavelmente tinha muito tempo e energia para dedicar-se a coisas que importavam apenas para você. Para explorar seus interesses. Para fazer as coisas que amava.

Então veio a idade adulta. Veio a liderança. Veio a família. E o "eu" começou a parecer como um palavrão por causa dessas outras prioridades. Assim, ele foi relegado para segundo plano. Você foi condicionado a acreditar que é isso que as pessoas maduras e responsáveis fazem.

A realidade é que, ao deixar seu "eu" de lado, a autonegligência o sufocará. Isso afeta seu desempenho empresarial, sua vida familiar... tudo.

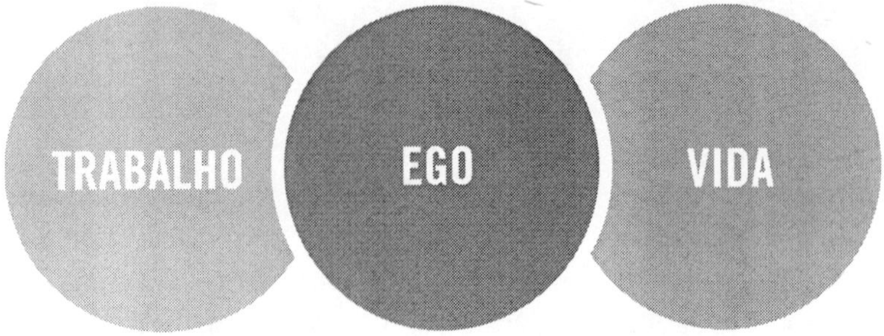

A única solução é acrescentar "você", uma categoria extremamente crucial, de volta à sua realidade.

Se você ignorar seu próprio bem-estar, nem a estratégia comercial mais inteligente do planeta o salvará.

Mas se você aprender as ferramentas adequadas para lidar com a vida intensa que escolheu, seu potencial será interminável.

Como usar este livro

Este livro pode ser usado de diferentes maneiras, dependendo de sua personalidade. Você pode escolher lê-lo até o fim, e depois voltar para praticar os hábitos e exercícios, capítulo por capítulo, ou em ordem de prioridade pessoal.

Você pode preferir seguir cada capítulo conforme ele é apresentado, lendo-o, absorvendo-o, fazendo os exercícios, dedicando o tempo necessário para incorporar o hábito em sua vida.

Não há certo ou errado.

Uma coisa é universal: dominar os hábitos deste livro é uma jornada para a vida toda. Você pode se aprofundar cada vez mais em cada um deles.

Eu o encorajo a usar este livro como um recurso contínuo para sua evolução como líder. Revisite os capítulos à medida que novos desafios surgirem em sua vida.

Você deve saber cinco coisas:

1. Não fique sobrecarregado. Este é um livro conciso, mas com um efeito poderoso, e cobre muitos assuntos. Você não deve absorver e entender tudo em apenas uma leitura.

2. Cada capítulo apresenta um hábito e oferece um conjunto de passos para ajudá-lo a entender e adotar o hábito. Você deve realmente fazer estas etapas para obter resultados. Elas não são apenas ideias a serem contempladas.

3. Preste muita atenção à seção "autoavaliação", no final de cada capítulo, na qual você avalia suas habilidades. Mesmo que você dê a si mesmo um "10", siga as etapas do capítulo de qualquer maneira. Você pode ficar mais forte.

4. Você pode acessar gratuitamente seu kit de ferramentas *Coloque a máscara primeiro em você* em: lawrenceandco.com/books (conteúdo em inglês)

5. Fique atento à lista de recursos e minhas principais recomendações no final do livro.

Há mais de onde isto veio: cadastre-se

Se este livro conversar com você, você pode receber semanalmente, através da minha newsletter, insights sucintos e contundentes. Ela é feita sob medida para CEOs, executivos e grandes empreendedores como você.

Envie um e-mail, em inglês, para *kevin@lawrenceandco.com* e coloque "newsletter" no assunto. Conte-me onde você trabalha e em que setor você atua.

Um último pensamento antes de começar

Sim, seu desenvolvimento como líder é algo sério. Mas se permita alguma diversão enquanto explora este livro. Esta é a chance de aprender sobre você mesmo, crescer como líder e desenvolver uma vida incrível. Aborde-a com leveza e mente aberta. Isso vai levá-lo longe.

Todas as histórias deste livro são baseadas em pessoas e situações da vida real, mas, na maioria dos casos, os nomes foram mudados para preservar a privacidade de cada envolvido.

HISTÓRIA

Quando eu conheci Nigel, ele estava levando uma surra da vida.

Embora seu negócio estivesse em grande expansão, ele ia trabalhar todos os dias cheio de pavor em seu âmago. Era um cara que deveria estar planejando um enorme e glorioso futuro, mas, em vez disso, resistia ao impulso de vomitar sempre que chegava na porta de seu escritório.

Convenci Nigel a desistir de seu plano de abandonar sua empresa e fugir para o Taiti e nos unimos para mudar radicalmente sua mentalidade. Seus negócios e sua empresa evoluíram com o passar dos anos, e ele não tinha conseguido acompanhar. Ele precisava de ferramentas completamente diferentes para lidar com a intensidade da vida de CEO.

Assim, nos reuníamos uma manhã por mês para caminhar pela bela orla de Vancouver (sempre bom sair do escritório para obter uma nova perspectiva) e conversar sobre seus problemas. Por fim, Nigel precisava lidar com seu lixo emocional para administrar sua saúde mental, ganhar mais tempo para si mesmo, ensinar sua equipe a cumprir seus padrões e se tornar irrelevante em seus negócios. Colocamos em prática um plano de ação para lidar com cada uma destas questões de frente, uma a uma.

Hoje, Nigel vive a fantasia de todo empresário. Ele define a visão de sua empresa e tem um sócio que lida com as operações do dia a dia. Grande parte do tempo de Nigel é dedicado a paixões pessoais — construir lares para pessoas necessitadas, viajar com sua família e criar grandes experiências em todos os lugares que ele vai.

Nigel é o exemplo perfeito de um líder que pensava que precisava recuar para sobreviver ao sucesso. Ele achava que seu negócio em ascensão era demais para ele, mas nunca houve necessidade de sucumbir. Ele só precisava de uma maneira mais inteligente de se impor.

Hoje, sua empresa está maior do que nunca. Nigel chegou a um estado indescritível que a maioria dos líderes busca, mas nunca encontra: a liberdade.

Você pode ler mais sobre a história de Nigel em seu livro, *Take that Leap: Risking It All for What Really Matters Universe* (Dê aquele salto: arriscando tudo pelo que realmente importa o universo, em tradução livre).

1

Viva uma vida incrível

"A vida é uma grande tela, e você deve jogar nela toda a tinta que puder."
DANNY KAYE, ator

Deixe-me perguntar isto: você gostaria que alguém que você ama passasse uma vida inteira vivendo exatamente como você agora?

Se sua resposta não for um entusiasmado "com certeza", você tem trabalho a fazer, meu amigo.

A vida deveria ser uma grande aventura. Ninguém vem a este mundo apenas para ter um negócio de sucesso ou uma carreira lendária. Uma vida verdadeiramente grandiosa não é apenas uma conquista... é o *prazer* de sua realização. É o deleite da vida.

Se você não estiver gritando do topo das montanhas sobre sua vida, não se iluda pensando que de repente você sentirá uma alegria profunda quando seu negócio chegar a decolar. Não é assim que a vida funciona.

É fácil ficar viciado no sucesso. A concretização do sucesso de um negócio é algo que consome muitos líderes, mas não é o único propósito na vida.

Você merece, e pode ter, uma sensação muito maior de satisfação; uma sensação de que todos os aspectos de sua vida são gratificantes e satisfatórios. Como líder, é fácil perder a noção do panorama maior: não ver nada além do seu próximo grande objetivo.

Ponto-chave
Se você não criar tempo para aproveitar o que você conquista, sua vida pode parecer boa, mas não será ótima.

Muitas pessoas bem-sucedidas pensam que cuidarão melhor de sua saúde... depois. Passarão mais tempo com os filhos... depois. Aprenderão a navegar... depois.

Algum dia elas farão coisas muito generosas. *Algum dia* elas desfrutarão de tudo o que conseguiram.

O problema é que você já está formando hábitos para toda a vida. Você pode esperar que a maneira como viverá no futuro será praticamente igual à maneira como você vive agora. Claro, você pode ter posses e bens diferentes, mas existirá de uma forma fundamentalmente semelhante.

Portanto, se você é uma pessoa do tipo "talvez um dia", você está perdendo. Pare de atrasar sua vida.

Você tem o poder de desfrutar de todos os aspectos de sua vida e só precisa tomar uma decisão clara para realmente experimentar o prazer e parar de procrastinar.

Se você é como a maioria dos líderes, está acostumado a planejar para obter uma *conquista* — ou o que eu gosto de chamar de "sucesso racional". Mas essa é apenas a metade da equação. O sucesso racional tem a ver com alcançar os objetivos que você estabelece, como o crescimento da receita, o lucro, a participação no mercado, a riqueza pessoal, as posses e as férias.

Se você quiser uma sensação de satisfação, precisa planejar para o *prazer* e *realização* — também conhecido como o "sucesso emocional". Nele, é preciso definir como você quer se sentir em relação a si mesmo e à sua vida quando acorda todos os dias.

Cada um de nós tem sua própria definição de sucesso emocional. Pode ser que você queira se sentir energizado, influenciado e conectado às pessoas que ama. Pode ser que queira sentir que está fazendo uma profunda diferença no mundo, e evoluindo como ser humano.

Seja lá como você definir isso, você precisa descobrir o que é o sucesso emocional para você para que ele possa fazer parte de sua estratégia.

Se você jogar bem suas cartas, poderá olhar para trás, daqui a décadas, sem arrependimentos. Esta é a verdadeira prova de uma vida incrível.

Resumo simples

O sucesso não é *apenas* o que se alcança ou se possui. É o modo como você se *sente* em relação a sua vida.

HISTÓRIA

Aos 36 anos, Robert já havia ganhado mais dinheiro do que qualquer outra pessoa na história de sua família. Ele construiu seu negócio do zero, e seu empreendimento poderia ser razoavelmente chamado de império.

Durante grande parte de sua carreira, Robert teve um foco frenético no trabalho, com o objetivo de acumular riqueza e segurança para seus entes queridos.

O problema é que Robert só sabia como ganhar e economizar dinheiro. Sua posição financeira era extremamente estável, mas ele não conseguia gastar além do essencial — de forma alguma.

Ele sonhava em tirar férias com sua família. Imaginava comprar presentes caros para os filhos. Ansiava pelo dia em que compraria para seu pai, um árduo trabalhador, um novo conjunto de escapamentos para a Harley dele.

Robert tinha um coração generoso, mas estava tão empenhado em construir riqueza que, apesar de suas melhores intenções, não conseguia se dissociar de seu dinheiro.

Por fim, chegou o dia em que a saúde de seu pai piorou, e ficou claro que ele não tinha muito tempo de vida. Isso mudou tudo. Robert gastou cinco mil dólares para comprar aquele conjunto de escapamentos, e a Harley de seu pai soou mais alto do que nunca, e o deixou ainda mais satisfeito.

Seu pai pilotou aquela moto modificada apenas uma vez antes de morrer, mas a alegria que ele sentiu deu a Robert uma nova visão sobre o dinheiro. Ele finalmente compreendeu que precisava expandir sua definição de sucesso.

Toda sua vida ele havia visto o sucesso através de uma só lente: seus objetivos de riqueza. Todas as decisões foram baseadas na maximização de sua posição financeira. Ele aprendeu a pesar metodicamente o prazer da vida como parte de seus critérios de decisão. Isto pode parecer simples e óbvio, mas, para muitas pessoas motivadas como Robert, é uma revelação.

Agora, além de construir riqueza, Robert faz um esforço com o objetivo de criar alegria para si e para os outros. Ele comprou a casa à beira-mar que ele e sua esposa sempre quiseram. Ele levou sua família em uma viagem ao redor do mundo, e se orgulha em ser membro de uma pista particular de corrida de carros.

Às vezes, essa velha perspectiva o assombra novamente, querendo que Robert calcule cada centavo e o limite de seu prazer de viver. Quando isso acontece, ele se lembra da Harley de seu pai e muda para uma perspectiva mais abrangente.

Seis passos para a maestria

1. Descubra o que torna sua vida incrível até agora

Poderíamos beber um cappuccino e ter uma conversa encantadora sobre o que é importante para você, e o que seria uma vida ideal. Mas este seria um exercício intelectual, e o resultado seria apenas o que você tem em mente.

Memórias dos pontos altos de sua vida são uma forma segura de evitar o sucesso racional e descobrir o que o sucesso emocional realmente significa para você.

Ação

Preencha a primeira coluna da tabela de memórias incríveis.

TABELA DE MEMÓRIAS INCRÍVEIS

MEMÓRIA INCRÍVEL	**SUCESSO RACIONAL** (CONQUISTA) E POR QUE	**SUCESSO EMOCIONAL** (PRAZER) E POR QUE
1.		
2.		
3.		
4.		
5.		

2. Observe quais sucessos importam mais

Às vezes, o sucesso só toca a razão, não a emoção. Outras vezes, você provavelmente consegue obter sucesso tanto racional quanto emocionalmente.

Ação

Preencha a segunda e a terceira colunas da tabela de memórias incríveis. Para cada anotação de memória incrível, perceba se ela lhe deu uma profunda sensação de prazer (sucesso emocional) ou uma sensação de conquista (sucesso racional) — ou ambos. Observe o porquê.

3. Descubra o que você faria se tivesse total liberdade de escolha

Deixe sua mente vaguear para além dos parâmetros de sua vida atual, imaginando o seguinte cenário: você recebe a notícia de que um parente distante lhe deixou uma herança de cinquenta milhões de dólares. Há duas condições:

- você deve continuar a trabalhar pelo menos trinta horas por semana, e ser um membro contribuinte da sociedade.
- seu prazer geral com o trabalho e a vida deve ficar com média oito de dez, ou o dinheiro evapora.

Ação

Que atividades e ocupações você começaria a fazer (ou faria com mais frequência)?
Que atividades e ocupações você deixaria de fazer (ou faria com menos frequência)? Preencha a primeira linha da tabela da vida incrível.

TABELA DA VIDA INCRÍVEL

	COMEÇAR A FAZER (OU FAZER MAIS VEZES) E POR QUE	PARAR DE FAZER (OU FAZER MENOS VEZES) E POR QUE
HERANÇA DE CINQUENTA MILHÕES DE DÓLARES		
SABEDORIA DE 12 ANOS		
SABEDORIA DE 82 ANOS		
SABEDORIA DO FIM DA VIDA		

4. Receba conselhos do seu eu jovem, do seu eu mais velho e do seu eu no fim da vida

Sabedoria de 12 anos: imagine descrever sua vida até o momento para a sua versão com 12 anos de idade.

Que mudanças aquela criança gostaria que você fizesse agora mesmo? Preencha a segunda linha da tabela da vida incrível.

Sabedoria de 82 anos: imagine descrever sua vida até o momento para a sua versão com 82 anos de idade.

Que mudanças aquele idoso de 82 anos de idade gostaria que você fizesse agora mesmo? Preencha a terceira linha da tabela da vida incrível.

Sabedoria do fim da vida: nada é tão esclarecedor quanto a mortalidade. Se você soubesse que este é seu último ano de vida neste grande planeta, como você passaria seus dias? O que você deixaria de fazer? Preencha a quarta linha da tabela da vida incrível.

5. Junte tudo isso: seu plano de vida incrível

Observe o que aprendeu com os exercícios anteriores. Que temas ou padrões você percebe?

____

____

____

Ação

Com base no que você aprendeu com os exercícios anteriores, preencha o plano de vida incrível. Escolha suas três principais metas de "conquista" e três principais metas de "prazer" para os próximos 12 meses.

Dica

Comece com a categoria "você".

PLANO DE VIDA INCRÍVEL

	CONQUISTA	PRAZER
TRABALHO		
EGO		
VIDA		

6. Construa um plano melhor e planeje com antecedência — *bem à frente*

Uma vida incrível requer compromisso e organização. Você só terá uma grande vida se programar coisas que a tornem grandiosa e se você se ater a esses compromissos.

É por isso que minha esposa e eu começamos cada ano sabendo onde vamos tirar nossas férias. Fazemos nossas reservas para o próximo ano em dezembro, se não antes.

Sejam quais forem suas atividades favoritas, comece a planejá-las. Reserve os concertos, brunches e jantares. Comprometa-se com suas noites de encontros. Agende seu tempo de voluntariado.

Claro, se você é aquela rara pessoa que pode ser espontânea com todas as suas atividades pessoais *e* administrar um negócio em expansão, tiro meu chapéu para você. Mas a maioria de nós precisa de um bom planejamento para fazer isso acontecer.

Dica

Use aniversários e feriados a seu favor. Estes são ótimos estímulos para agendar eventos especiais e confraternizações.

Ação

Quais são as principais coisas que você precisa programar para os próximos 12 a 18 meses?

1.
2.
3.
4.
5.

Dica

Pense em sua vida como um grande projeto de P&D (pesquisa e desenvolvimento). Continue experimentando, perceba o que funciona e o que não funciona e ajuste isso a você. Uma vida incrível é uma vida em evolução.

Você precisa se empenhar nisto se...

1. Você avalia seu atual nível de prazer com a vida em menos de nove de dez.
2. Você não sentiria que aproveitou bem sua vida se ela terminasse hoje.
3. Você tende a deixar sua paixão de lado por causa do trabalho, e pouco sobra para o restante de sua vida.
4. Ansiar pelas coisas em sua vida não é normal para você.
5. Muitas vezes você se vê pensando ou dizendo "seria, poderia, deveria".

Autoavaliação

Seja sincero — quão bem você consegue desfrutar a vida em conjunto com o seu sucesso racional? Em uma escala de 0 (baixo) a 10 (alto) __________

2

Esqueça o equilíbrio entre trabalho e vida pessoal

"Você não vai para a montanha-russa de um parque de diversões e diz: eu quero que seja tranquilo. Não, você quer que seja o mais instável possível, porque essa é a graça do brinquedo."
NEIL DEGRASSE TYSON, astrofísico

O equilíbrio entre trabalho e vida pessoal é uma noção adorável. Pode até funcionar lindamente para pessoas menos ambiciosas do que você. Mas é *absolutamente* inconsistente com a vida que você escolheu, então, você precisa esquecer isso.

O equilíbrio *não* existe para pessoas motivadas.

Você é alimentado pela perseguição de objetivos selvagens, loucos e gigantescos — e, por mais maravilhoso que isto seja, não é a realização de uma vida simples e equilibrada.

Você precisa aceitar quem você é. Você não é alguém que trabalha das nove da manhã às cinco da tarde. Se você pensa que deve ter uma vida equilibrada ao perseguir objetivos enormes, sempre será torturado pelo sentimento de culpa e inadequação.

Ponto-chave
Esqueça a noção de equilíbrio entre trabalho e vida pessoal. Ao invés disso, concentre-se na paixão entre trabalho, ego e vida pessoal.

A paixão entre trabalho, ego e vida pessoal é experimentar plenamente o entusiasmo em todos os aspectos de sua vida.

É ter o tempo e a energia necessários para:

- desfrutar plenamente o *trabalho*
- ter tempo só para o *ego* e as coisas que você mais gosta
- ter tempo para as pessoas e as causas com as quais você se preocupa na *vida pessoal.*

Sim, é possível. Primeiro, é preciso pensar claramente nas diferentes categorias de sua vida:

Trabalho: tudo o que você faz profissionalmente, incluindo eventos sociais relacionados a trabalho, clientes e colegas.

Ego: coisas que você faz apenas para si mesmo porque elas o completam e o tornam mais forte. Se você não investe energia nesta categoria, diminui sua capacidade de investir paixão no trabalho e na vida. A maioria dos líderes frequente e perigosamente ignora esta categoria indispensável.

Vida pessoal: são as pessoas e causas que mais importam para você fora do trabalho — incluindo família, amigos, voluntariado e afins. O tempo e a energia gastos aqui não têm nada a ver com a promoção de seus interesses comerciais. Trata-se de outras coisas que você ama.

Invista suas unidades de paixão

Então, pense desta forma. Se você tem cem unidades de paixão para gastar toda semana, você não se sentirá bem se gastar 99 delas no trabalho. Esta é uma rota certeira para a angústia. Seus relacionamentos sofreriam tremendamente. Você se sentiria esgotado. Você perderia a perspectiva de sua vida e de seus negócios, limitando seriamente sua capacidade de tomar decisões claras e inteligentes.

Muitos líderes usam toda sua energia e entusiasmo no escritório e depois se perguntam por que suas relações e satisfação pessoal estão sofrendo.

A paixão entre trabalho, ego e vida pessoal exige que você escolha conscientemente como distribuir suas unidades de paixão. Isso garante que você invista um pouco em si mesmo e naqueles que ama toda semana, permitindo que você se recarregue.

Se fizer escolhas conscientes sobre como investir sua paixão, sua experiência de vida pode melhorar drasticamente.

Resumo simples

Invista unidades de paixão primeiro em si mesmo para que possa ser tão generoso e produtivo quanto gostaria em outros aspectos de sua vida.

INSIGHT

Eu acompanho minha paixão entre trabalho, ego e vida pessoal notando as partes da minha vida em que inicio novas e interessantes atividades. Faz parte da minha personalidade liderar novos projetos e planejar grandes experiências, então para mim este é um indicador claro.

Eu sei que trago paixão suficiente para minha vida pessoal quando uso minha mente criativa para planejar eventos legais para mim mesmo, e com amigos e familiares. Se eu organizar festas de aniversário, aventuras de kartismo, férias, atividades experimentais, eventos beneficentes e afins, estou investindo um número decente de unidades de paixão fora do trabalho.

Quando não tenho mais energia para planejar experiências pessoais, é um sinal claro de que minhas unidades de paixão estão desequilibradas.

Quatro passos para a maestria

1. Faça uma verificação da realidade

Onde suas unidades de paixão são gastas atualmente? Dito de outra forma, em que você coloca seu pensamento criativo e sua energia voluntária?

Seja brutalmente sincero. Você só está investindo paixão no trabalho, e você e sua família recebem as sobras no final da semana? Você e as pessoas que mais gosta estão recebendo uma medida decente da criatividade da sua mente?

Ação

Reveja o mês passado. Que porcentagem de sua melhor energia e criatividade você dedicou ao trabalho, ego e à vida pessoal? Ou você não fez absolutamente nada com ela?

Meu índice de paixão atual

% Trabalho ________ % Ego ________ % Vida Pessoal ________

2. Escolha sua divisão ideal

Para ser claro, não estou dizendo que sua paixão deve ser dividida em um terço para o trabalho, um terço para o ego e um terço para a vida pessoal. E, de fato, isto não dará certo a menos que você tenha um estilo de vida empresarial, ou que tenha decidido relaxar profissionalmente.

Para alguns líderes, a grandeza pode ser sessenta por cento de trabalho, trinta por cento de ego e dez por cento de vida pessoal. Para outros, pode ser de 65 por cento, vinte por cento e 15 por cento.

Descubra o que funciona para você. Em última análise, não importa o que você escolhe, apenas estabeleça uma intenção clara.

Como líder, você certamente passará por breves períodos em que noventa por cento de sua paixão estará investida no trabalho. Isto é inevitável. Basta entender que não é sustentável e que você precisa voltar rapidamente a uma relação mais saudável.

Ação

Escolha seu índice de paixão ideal. Comece com a categoria "ego", ou você pode acabar definindo apenas uma pequena porcentagem da paixão restante para si mesmo.

Meu índice de paixão ideal

% Trabalho ________ % Ego ________ % Vida Pessoal ________

3. Escolha de outra forma

Conhecer seu índice de paixão é apenas o começo, é claro. A partir disso, você precisa fazer escolhas diferentes sobre onde sua energia e criatividade são investidas.

Ação

O que você precisa começar, ou parar de fazer, para se adequar ao seu índice de paixão ideal? Preencha a tabela do índice de paixão.

TABELA DO ÍNDICE DE PAIXÃO

	TRABALHO	EGO	VIDA PESSOAL
ÍNDICE DE PAIXÃO ATUAL			
ÍNDICE DE PAIXÃO IDEAL			
COMEÇAR OU FAZER MAIS VEZES			
PARAR OU FAZER MENOS VEZES			

4. Continue ajustando

Ter energia e paixão para todos os aspectos de sua vida é uma jornada. Seu índice de paixão não é uma mudança que você faz uma vez na vida e nunca mais pensa nele.

Ele requer uma reflexão constante. Você está vivendo seu índice? Qual é a sensação? O que precisa mudar?

Ação

Certifique-se de refletir sobre seu índice de paixão toda vez que fizer seu planejamento anual e trimestral. Sempre faça isso por escrito, anotando suas observações e os ajustes que precisam acontecer.

Você precisa se empenhar nisto se...

1. Sua vida parece fora de controle, ou você se sente culpado por não ter "equilíbrio entre trabalho e vida pessoal".
2. A vida não é como você pensou que seria em seu nível de sucesso.

3. Você não aproveita a vida fora do trabalho tanto quanto gostaria.
4. Você raramente ou nunca reserva tempo só para si mesmo. Ou, se o faz, se sente culpado por isso.
5. Você perdeu o contato com as pessoas e causas, fora do trabalho, com as quais se preocupa.

Autoavaliação

Até que ponto você encontra tempo e energia para todos os aspectos de sua vida?

Em uma escala de 0 (baixo) a 10 (alto): __________

3

Dobre sua resiliência

"Uma boa metade da arte de viver é a resiliência."
ALAIN DE BOTTON, autor britânico nascido na Suíça

Você não espera que um cavalo de corrida puro-sangue tenha um bom desempenho sem o devido cuidado, então por que esperar isso de si mesmo?

Sim, você é o tipo de pessoa que adora testar seus limites e assumir grandes desafios. Você tem mais garra, resistência e força de vontade do que a maioria das pessoas sonha ter.

Mas você ainda precisa de cuidado e atenção para ter o melhor desempenho possível, ou estará destinado ao fracasso.

Sempre que eu vejo um líder fracassar sob o peso da responsabilidade e do sucesso, sei que este colapso era previsível e evitável.

Em algum momento, aquele líder deixou de fazer as coisas que o mantinham saudável porque a vida ficou turbulenta. Ele colocou o bem-estar pessoal no fim da sua lista de prioridades.

Com a vida grandiosa e aventureira que você escolheu, seu bem-estar deve vir primeiro para que você tenha forças para continuar. Você precisa continuamente reabastecer seu oxigênio, sua energia e sua resistência.

Não deixe isto ao acaso. Você precisa de um sistema para se certificar de que você se cuida, mesmo quando há um bilhão de outras prioridades urgentes.

Deixe-me apresentar-lhe os “Rituais de Resiliência”. Os Rituais de Resiliência são sua própria e única combinação de atividades corporais, mentais e espirituais que o colocam na sua melhor forma.

Ponto-chave
Quando você se mantém fiel a seus Rituais de Resiliência, você se prepara para vencer, não importa o que a vida atire em você.

Os Rituais de Resiliência incluem três elementos essenciais:

1. Coisas que você faz para cuidar do **corpo**: ir à academia, ioga, corrida em trilha, futebol — o que quer que funcione para você.
2. Coisas que você faz para cuidar da **mente**: atividades que lhe ajudam a focar mentalmente. Escrever em um diário e meditar são suas melhores opções.
3. Coisas que você faz para cuidar do **espírito**: atividades que o iluminam mais do que qualquer outra coisa. Elas lhe dão a sensação de que todo o seu trabalho duro vale a pena; que sua vida tem sentido. Só você pode saber quais são essas atividades, e pode ser qualquer coisa.

Talvez seus Rituais de Resiliência sejam caratê, meditação e passeios ao pôr do sol com seu cônjuge. Ou talvez a sua combinação seja ioga, escrever em um diário e navegar em alto-mar.

Quando você se compromete com seus Rituais de Resiliência, você respira mais profundamente. Suas preocupações são mais silenciosas.

Sua mente está no seu ponto mais aguçado. Sua criatividade está no auge. E você se recupera mais rapidamente dos contratempos.

Ouça isto: você *não pode* trapacear e dizer: "Correr me ajuda em todas as três categorias, então eu simplesmente correrei." Não. Isso está errado, com certeza. Em seu alto nível de desempenho, você precisa de atividades que o ajudem de forma específica em cada categoria.

O segredo é conhecer seus Rituais de Resiliência e fazê-los *o tempo todo*. Torne-os uma parte não negociável de sua rotina normal, não importa o que esteja acontecendo no trabalho ou em casa.

Soa como um grande compromisso? Respirar é um grande compromisso? Seus Rituais de Resiliência são uma fonte de vida. Eles lhe fornecem energia. Eles criam tempo e espaço. Então, faça-os.

Resumo simples

Quando sua força e resiliência forem uma prioridade, você terá a resistência para oferecer ainda mais.

HISTÓRIA

Aprendi a dura lição de autossustentabilidade quando era mais jovem.

Eu me senti dramaticamente esgotado no primeiro ano do meu primeiro emprego pós-faculdade.

Aos 23 anos de idade, fiquei em primeiro *e segundo lugar* em nossa competição anual de vendas, ganhando uma viagem de três semanas à Europa. Eu fiz isso enquanto participava de duas diretorias voluntárias, realizava várias campanhas de arrecadação de fundos para caridade e geralmente causava estragos todos os fins de semana como um típico jovem de 20 e poucos anos.

Todos ficavam maravilhados. Meu chefe queria me clonar.

Mas 12 meses depois eu cheguei no meu limite. Mesmo. Demorei mais de um ano para me recuperar.

Para as pessoas motivadas, nossa maior força é também nossa maior ruína. Sim, a ambição e a capacidade levam a dinheiro e elogios, mas também nos cega para nossas necessidades pessoais. Isso nos leva a cair de um penhasco e a nos perguntarmos indignados como raios isso aconteceu.

Pelo lado positivo, fui forçado a aprender muito sobre como administrar a intensidade da vida. Como resultado, nasceu minha carreira como coach (embora minhas lições sobre burnout estivessem apenas começando).

Quer você já tenha se sentido esgotado em sua vida ou não, você precisa aceitar que os seres humanos necessitam de cuidados. Você não é uma exceção mágica.

Seu corpo, mente e espírito precisam ser recarregados. Constantemente.

TDA/TDAH + LIDERANÇA

TDA (transtorno do déficit de atenção) e TDAH (transtorno do déficit de atenção e hiperatividade) são extremamente comuns entre líderes de empresas de alto crescimento.

E não é de admirar. As pessoas com estes transtornos têm atributos que combinam bem com a liderança.

Os benefícios do TDA/TDAH são toneladas de energia e criatividade e uma enorme quantidade de impulso. Este impulso sem fim também significa um risco ainda maior para o burnout — o autocuidado é ainda mais crítico.

Se você tem TDA ou TDAH, seus Rituais de Resiliência não devem ser menosprezados. Eles são primordiais para mantê-lo em um estado equilibrado e saudável.

Cinco passos para a maestria

1. Conheça sua história

Pense nos períodos da sua vida em que você se sentia fantástico e incrivelmente forte. Não me refiro a momentos específicos, mas a períodos contínuos em que você se sentiu inspirado, dinâmico e invencível. O que você estava fazendo para cuidar de seu corpo, mente e espírito?

Ação

Preencha a tabela quando me senti mais forte.

QUANDO ME SENTI MAIS FORTE

PERÍODO	1.	2.	3.
CORPO: COMO MANTIVE MEU CORPO ENERGIZADO E/OU FORTE?			
MENTE: COMO MANTIVE MINHA MENTE LIMPA E/OU FOCADA?			
ESPÍRITO: O QUE ACHAVA GRATIFICANTE E/OU INSPIRADOR?			

2. Aprofunde sua compreensão

Todos os três aspectos dos Rituais de Resiliência (corpo, mente e espírito) são relevantes e interdependentes. É crucial compreender a importância de cada um deles.

Corpo

Um padrão de sono saudável e uma boa nutrição são absolutamente fundamentais para sua força física e resiliência. Mas estes, por si só, quase não são suficientes.

A maioria dos líderes passa horas a fio sentada em uma cadeira. É essencial priorizar alguma forma de exercício para contrabalancear isso.

O exercício não se trata apenas de ser fitness ou de saúde física. É uma maneira crucial de liberar o estresse, mudar sua perspectiva e fazer com que as endorfinas fluam em seu corpo. É praticamente certo que você se sentirá melhor quando estiver ativo. Agora, algumas pessoas podem decidir fazer exercícios regularmente e o farão sempre. Outras precisam de estrutura e apoio para que isso aconteça.

Muitos de meus clientes têm um personal trainer para esta finalidade. Um compromisso programado com um personal trainer facilita muito mais a aderência a seus treinos. Um bom profissional o pressionará mais do que você mesmo.

Em última análise, não há uma maneira correta de ser ativo. Para você, pode ser aulas de ioga ou de dança. Para outra pessoa, pode ser um esporte coletivo, kickboxing, ciclismo ou natação.

O importante é que você escolha algo que goste, e que seja a parte não negociável de sua agenda, pelo menos duas ou três vezes por semana.

Mente

Você precisa de uma maneira de acalmar sua mente ativa e de assumir o controle dela. Ela serve para apoiá-lo, não para deixá-lo louco. Posso lhe dizer que, após anos de experimentação, há duas opções que recomendo acima de todas as outras: escrever em um diário e meditar. Mas se você tiver outra prática que traga foco e clareza a sua mente, vá em frente. Se estou me sentindo ansioso, estressado ou confuso sobre algo, escrever em um diário me coloca em um novo estado mental. Eu posso passar de frenético a relaxado, ou de confuso a focado em 15 minutos.

Eu despejo todos os pensamentos aparentemente aleatórios que saltam no meu cérebro sobre a página. Colocar a caneta sobre o papel sempre funciona, como mágica.

Para outros, uma prática consistente de meditação oferece o mesmo benefício. Mas, qualquer que seja o método escolhido, você não pode ser aleatório. Não pode ser um último recurso, precisa ser parte constante de sua vida.

É absolutamente crucial entender que *não se pode usar distração ou negação para administrar o estresse a longo prazo*. Seus pensamentos de preocupação devem ser de alguma forma evacuados de seu cérebro, ou eles continuarão se reciclando sem parar.

Não importa como você o faça, você precisa fazer de sua mente uma ferramenta que você controle e dirija.

Portanto, sim, você pode deixar sua mente mais calma após sua aula diária de corrida ou de spinning, e isto é útil, mas não é o mesmo que administrar. Para se manter no seu melhor estado, você precisa tanto de apoio físico quanto mental.

Espírito

Por último, mas definitivamente não menos importante, você precisa saber o que fortalece seu espírito.

A melhor maneira de descrever isto é dizer que estas são atividades que o alimentam de uma maneira que outras coisas na vida não o fazem: coisas que você faz simplesmente pela alegria de fazer, que o iluminam por dentro. Coisas fora do trabalho que o inspiram e o recompensam.

Algumas pessoas precisam de tempo sozinhas na natureza, ou de uma contemplação tranquila, relaxando na varanda dos fundos. Outras podem ter uma paixão particular por aprender história ou filosofia. Para você, pode ser pintura, desenho, voluntariado, jardinagem, corrida de carros ou escalada nos picos mais altos do mundo.

Ação

Preencha a tabela de brainstorming de Ritual de Resiliência.

TABELA DE BRAINSTORMING DE RITUAL DE RESILIÊNCIA

CORPO: O QUE FAZ VOCÊ SE SENTIR FISICAMENTE NO SEU MELHOR ESTADO?	
MENTE: O QUE O AJUDA A LIMPAR A MENTE E A SE CONCENTRAR?	
ESPÍRITO: QUE ATIVIDADES O ILUMINAM POR DENTRO?	

3. Esboce seus Rituais de Resiliência

Reflita sobre o que você escreveu nos exercícios nº 1 e nº 2, assim como qualquer outra coisa que você saiba que o faz se sentir forte e vibrante.

Com base em seus conhecimentos, crie um primeiro rascunho de seus Rituais de Resiliência.

A seguir, incluí o meu como um exemplo. Se você precisar de mais fontes de inspiração, observe o que está dando certo para as pessoas ao seu redor. Também pode ser útil ler artigos ou biografias sobre os hábitos pessoais das pessoas de sucesso.

Ação

Preencha as duas primeiras colunas (o quê e frequência) na tabela dos meus Rituais de Resiliência.

TABELA DOS MEUS RITUAIS DE RESILIÊNCIA

	O QUÊ	FREQUÊNCIA	QUANDO
CORPO	• •		
MENTE	• •		
ESPÍRITO	• •		

TABELA DOS RITUAIS DE RESILIÊNCIA DO KEVIN

	O QUÊ	FREQUÊNCIA	QUANDO
CORPO	• Exercício com o personal trainer • Outras atividades: passear, andar de bicicleta ou caminhar	3x por semana 3x por semana	6h da manhã 6h da manhã ou nos fins de semana
MENTE	• Escrever em um diário por dez a 15 minutos • Atualizar minhas listas de afazeres	3x por semana 5x por semana	7h da manhã (após o treino) 8h da manhã (dias de semana)
ESPÍRITO	• Aventuras com os entes queridos • Testar os meus limites com as pessoas que pensam como eu (por exemplo: esportes automotivos)	2x ao mês 1 a 2x ao mês	Fins de semana, noites Fins de semana

4. Comprometa-se com seus Rituais de Resiliência — mesmo quando eles irritam ou incomodam os outros

Você deve fazer com que cuidar de si mesmo seja uma prioridade, e realizar seus Rituais de Resiliência religiosamente. Lembre-se, você tem que permanecer forte para dar o quanto puder a outras pessoas, e ao mundo.

Uma maneira simples de manter seu compromisso é fazer seus rituais diários logo pela manhã. Deepak Chopra, autor best-seller e professor espiritual, reserva o início de suas manhãs para si mesmo. Ele começa cada dia às quatro horas da manhã para meditar e escrever até às nove horas. Depois ele está disponível para os outros durante o restante do dia.

Estruture seus Rituais de Resiliência como desejar, mas lembre-se que o mais importante é agendá-los, e comprometer-se com eles.

Ação

Quando você fará cada uma de suas atividades do Ritual de Resiliência? Preencha a categoria "quando" na tabela de Rituais de Resiliência.

5. Ajuste seus Rituais de Resiliência conforme necessário

Seus Rituais de Resiliência evoluirão à medida que você aprende mais sobre si mesmo e que seus interesses mudam com o tempo. Você precisa observar de perto a maneira como se sente de forma geral, para saber se seus rituais funcionam para você, se ajustes são necessários ou se você superou certas atividades.

Observe seus níveis de inspiração e energia. Repare seus níveis de paciência e estresse. Perceba quais atividades funcionam para você.

Talvez você precise agitar as coisas de vez em quando. Se decidir interromper uma atividade na categoria física, substitua-a por outra atividade física. O mesmo se aplica a suas atividades mentais e espirituais; caso contrário, seus rituais perderão o efeito.

Somente você pode saber quando seus rituais estão realmente funcionando. Invista tempo para experimentar e afinar sua fórmula.

Ação

Continue procurando outras maneiras de melhorar seus Rituais de Resiliência. Teste para ver se você percebe ou não uma melhoria.

Você precisa se empenhar nisto se...

1. Você fica constantemente sem energia, cansado ou doente.
2. Você não está aproveitando os desafios, ou as vitórias, no trabalho ou na vida.
3. Você permite regularmente que as prioridades de outras pessoas se sobreponham às atividades que você deseja fazer para seu próprio bem-estar.
4. Você deixou de fazer as atividades que lhe trazem um sentimento de recompensa e inspiração. Talvez você já nem saiba mais quais são.
5. Você sente a necessidade de fugir de seu trabalho ou de sua vida.

Autoavaliação

Quão bem você está mantendo sua resiliência pessoal atualmente?

Em uma escala de 0 (baixo) a 10 (alto): __________

4

Invista em seus pontos ideais

"O sucesso é alcançado desenvolvendo nossas forças, não eliminando nossas fraquezas."
MARILYN VON SAVANT, o QI mais alto registrado no livro *Guinness World Records*

Seu ponto ideal é uma coisa real, não apenas uma ideia abstrata.

É fazer as coisas que você gosta da maneira que você gosta de fazê-las.

É também onde você entrega, de longe, o maior valor. Seus talentos de ponto ideal são tão indiscutíveis que é criminoso desperdiçar sua energia em outro lugar. É aqui que você tem vitalidade e inspiração, e que o oxigênio percorre seu sistema.

Infelizmente, a sabedoria convencional o leva a acreditar que você deve se preocupar em melhorar suas fraquezas. Isto é um absurdo. É um caminho que leva à mediocridade. E, por fim, é uma receita certa para o desastre, física e mentalmente. Ela drena seu suprimento de oxigênio, esgotando sua energia, criatividade e entusiasmo pela vida.

NÃO fique preso à ideia de que o trabalho não deve ser divertido ou fácil. Você não é obrigado a se adequar a algum modelo universal de liderança. Tal coisa simplesmente não existe.

Há dezenas de maneiras de ser um grande líder. Você precisa descobrir o *seu* caminho. Deixe de lado as coisas que simplesmente não são seu forte ou sua paixão.

Se você é bom com números, mas fica entediado com a menção da palavra contabilidade, pare de se torturar. Aceite que a contabilidade não é seu ponto ideal e certifique-se de que alguém de sua equipe tenha a paixão e a aptidão para isso.

Ponto-chave
Gaste oitenta por cento do seu tempo e energia fazendo coisas que você ama fazer, da maneira que você ama fazer.

Antes de mais nada: descubra seu verdadeiro ponto ideal. Isto é mais difícil do que parece porque, sejamos honestos, você adquiriu um vasto conjunto de habilidades para chegar onde está hoje. É fácil confundir o que você *sabe* fazer com o que você *gosta* de fazer.

Resumo simples

Pare de se aborrecer ou de se torturar com tarefas fora do seu ponto ideal. Você agrega mais valor ao fazer aquilo que ama.

HISTÓRIA

Nicole é o tipo de executiva a quem você confia seus maiores e mais loucos projetos. Ela dá sentido às coisas quando todos os outros sentem-se extremamente frustrados. Se algo parece sem controle e ambicioso, ou difícil e aparentemente insolúvel, Nicole é a pessoa certa.

Apesar da sua longa história de criar estratégias e lançar projetos com êxito, Nicole continuou recebendo o mesmo feedback desagradável nas avaliações de desempenho. Ela era elogiada por seu heroísmo na fase de lançamento, mas criticada por sua incapacidade de, no momento de operar seus projetos, ser uma gestora estável no dia a dia.

Ano após ano ela tentou aperfeiçoar suas habilidades de gestão, tentando se transformar no tipo de executiva que supervisiona habilmente um programa estabelecido. Mas o tédio se sobrepunha, e ela se distraía com a perspectiva de um novo desafio.

Nicole pensava que havia algo errado com ela, e acreditava que lhe faltavam habilidade e pensamento estratégico. A culpa a desanimava tanto no trabalho quanto em casa.

Ao trabalhar com Nicole, ficou imediatamente claro para mim que lançar projetos malucos é, de fato, seu ponto ideal. É assim que ela agrega um valor tremendo. Ela simplesmente não é a pessoa indicada para realizar tarefas de gestão no dia a dia.

É um desperdício de seu talento, e seria melhor que essas responsabilidades fossem dadas a outra pessoa.

Nicole tinha uma boa relação com seu CEO, e agora é oficialmente a executiva para projetos especiais. É tudo o que ela faz e, por causa disso, a empresa realizou algumas proezas inacreditáveis.

Ela teve que abandonar a ideia de que poderia se transformar em um tipo diferente de líder e entregar alguns projetos que adorava a pessoas que tinham a personalidade e as habilidades certas para administrá-los no dia a dia. Mas o resultado é que ela nunca foi tão bem-sucedida ou satisfeita.

Seis passos para a maestria

1. Examine seus padrões de sucesso para compreender sua habilidade natural.

O sucesso deixa pistas. Seu ponto ideal é semelhante ao longo de sua vida. A razão pela qual você foi o melhor aluno da classe, ou uma estrela do atletismo, é provavelmente semelhante à razão pela qual sua primeira empresa foi um tremendo sucesso.

Ação

Dê uma olhada em sua trajetória e preencha as duas primeiras colunas da tabela de histórico de pontos ideais. Faça uma lista de suas cinco principais conquistas até o momento, no trabalho e na vida pessoal. Para cada uma delas, observe que habilidade natural o fez ser bem-sucedido.

TABELA DE HISTÓRICO DE PONTOS IDEAIS

CONQUISTA	HABILIDADE NATURAL	AMBIENTE
1.		
2.		
3.		
4.		
5.		

2. Conheça seu ambiente ideal

Seu desempenho é significativamente afetado pelas circunstâncias e pelo ambiente. Você terá resultados diferentes fazendo a mesma tarefa em situações distintas.

Algumas pessoas obtêm seu melhor pensamento criativo sozinhas em casa. Algumas precisam estar fora, na natureza. Outras são melhores em ambientes de grupo.

Pode ser que você tenha um desempenho melhor ao executar uma série de tarefas quando escuta suas músicas favoritas. Ou pode ser que goste de silenciar as notificações de seus dispositivos, e deixar o silêncio predominar em seu espaço de trabalho.

Prazos apertados podem motivá-lo, ou você pode trabalhar melhor quando não há nenhuma pressão ou urgência.

Ação

Aponte os fatores ambientais que são importantes para você, olhando novamente para suas cinco principais conquistas na tabela de histórico de pontos ideais. Preencha a terceira coluna, observando as características que definem o ambiente.

Algumas coisas a considerar:

- era um ambiente de equipe ou uma situação individual?
- se foi uma equipe, foi uma nova equipe ou uma com a qual tinha uma longa história?
- você estava sob muita pressão ou não?
- havia ou não um prazo urgente?
- havia um aspecto criativo em seu cargo?
- você criou algo totalmente novo ou melhorou algo que já existia?
- era um projeto global? Local?

3. Observe o que você ama em seu trabalho (passado e presente)

Observe as coisas que lhe atraem primeiro em sua jornada de trabalho. Quais são as tarefas que você tende a fazer primeiro em seu cargo atual? E em cargos anteriores?

No meu caso, me sinto atraído por qualquer tarefa que envolva a interação com pessoas motivadas que tenham problemas de alto risco para resolver. Se eu tiver uma lista de documentos para analisar e um monte de telefonemas para fazer, sempre escolho o telefone primeiro. Isso é algo que eu adoro. Ajudar pessoas motivadas me dá energia.

Ação

Preencha a lista adoro fazer.

LISTA ADORO FAZER

O QUE ME DÁ ENERGIA O QUE ADORO FAZER	**O QUE ME ESGOTA** O QUE EVITO FAZER
1.	
2.	
3.	
4.	

4. Esboce seu ponto ideal

Com base em tudo o que você aprendeu com os exercícios anteriores, o que e como você gosta de fazer as coisas?

Ação

Articule seu ponto ideal.

Meu ponto ideal

O que eu adoro fazer, e faço bem:

____

____

Como eu adoro fazer isso (ou seja, o ambiente):

____

____

5. Siga dedicando oitenta por cento do seu tempo ao seu ponto ideal

Você terá o melhor desempenho se dedicar oitenta por cento do seu tempo ao seu ponto ideal. Para a maioria das pessoas, sentir-se realizado é uma jornada que envolve deixar de lado a responsabilidade pessoal em prol de tarefas fora do ponto ideal.

Você também precisa começar a criar conscientemente situações que extraiam o melhor de você. Então, se você sabe que precisa de um tempo tranquilo sozinho para pensar melhor, qual é o seu plano para garantir esse tempo? Se você dá o melhor de si em um grupo agitado com prazos importantes e urgentes, como você cria isso?

Ação

Faça uma avaliação sincera de sua situação atual. Quanto tempo você dedica atualmente ao seu ponto ideal, fazendo o trabalho que ama e como você gosta de fazê-lo?

Verificação da realidade do ponto ideal

Porcentagem do tempo atual: ______________________ %
Objetivo para os próximos seis meses: ________________ %

6. Fazendo a mudança

Como você vai passar oitenta por cento do seu tempo no seu ponto ideal? Liste três coisas que você precisa começar a fazer (ou fazer mais vezes), e três coisas que você precisa parar de fazer (ou fazer menos vezes).

O que você precisa começar a fazer (ou fazer mais vezes)?

1.
2.
3.

O que você precisa parar de fazer (ou fazer menos vezes)?

1.
2.
3.

Dica

As autoavaliações podem realmente ajudá-lo a encontrar seu ponto ideal. Elas lhe dão um modelo para entender suas forças naturais. Meus favoritos são *DISC* e *Strenghts*. Ambos são razoavelmente baratos, rápidos e indolores e dão uma visão valiosa que você pode aplicar imediatamente.

Você precisa se empenhar nisto se...

1. A maioria de seus dias parecem difíceis porque você está fazendo uma série de coisas de que não gosta.
2. Você não se sente inspirado para fazer as tarefas que estão em sua lista de afazeres.
3. Há tarefas importantes e de alto valor que você pretende realizar todas as semanas, mas elas nunca são realizadas.
4. Há aspectos de seu trabalho que são medíocres, mas você não tem a energia ou o desejo de melhorá-los.
5. Você geralmente se sente entediado ou esgotado no final do dia.

Autoavaliação

O quão eficaz você tem sido em dedicar a maior parte de seu tempo e energia ao seu ponto ideal? Em uma escala de 0 (baixo) a 10 (alto): __________

5

Lamba seus sapos

"Você pode se atrasar, mas o tempo não."
BENJAMIN FRANKLIN

Sabe aquelas tarefas irritantes que você procrastina porque há coisas mais importantes em que se concentrar?

Sim, todas aquelas coisas desagradáveis e irritantes que se acumulam em grandes pilhas de horrores que drenam sua força vital.

Estou me referindo a tarefas como levar seu carro para o conserto, atualizar o plano de dados de seu telefone, transcrever as anotações que você fez em uma conferência, consertar uma porta que range, retornar uma ligação que você preferia ignorar, finalizar seu testamento... acho que deu para entender.

Chamo estas tarefas irritantes de "sapos", porque são o tipo de coisa que o deixam arrepiado. Você preferiria não as tocar, nem pensar nelas, se não tivesse que as fazer.

Ponto-chave
Conclua seus "sapos" para que sua energia seja liberada para coisas maiores e melhores.

Eis o que quero dizer: se em algum momento deste ano você *tivesse* que lamber um sapo viscoso, infestado de moscas, desde sua cabeça irregular até a base de suas costas nojentas, para quando você programaria essa adorável tarefa? Você provavelmente esperaria até o final do ano, em vez de se livrar disso de uma vez.

Essa é a natureza humana.

Mas essa tarefa desagradável pesaria em sua mente o ano todo, ainda que você não estivesse ciente disso. Em vez de se concentrar totalmente nas coisas importantes da vida, você gastaria energia temendo e procrastinando essa tarefa desagradável.

Sabe o que aconteceria se você simplesmente fosse em frente e fizesse isso? Você teria um pequeno piripaque, depois daria um suspiro de alívio e me diria: "Ah, não foi tão ruim assim. Estou aliviado por isso ter acabado".

Quando se trata de aborrecimentos da vida, temer é sempre pior do que fazer. *Sempre*. Quando você se livra deles, se sente mais livre.

Ainda assim, a maioria das pessoas passa pela vida com 150 tarefas aparentemente benignas para fazer. Já sei que você está dizendo para si mesmo: "Eu não, eu nunca tenho 150 coisas para fazer". Mas se nos sentássemos juntos e fizéssemos uma lista, sua cabeça giraria a tal velocidade que você alcançaria 150.

Por quê? *Porque você continua acumulando tarefas*. Você acha que adicionar mais um item à lista semiconsciente, no fundo de sua mente, gasta menos energia do que simplesmente fazê-lo. Neste ponto, você está drasticamente enganado.

Você não percebe como essas tarefas te arrastam para baixo; como elas o acompanham em cada momento de seu dia.

A única maneira de se libertar é parar de procrastinar. Tenha o hábito de lamber seu sapo mais desagradável logo pela manhã, para começar o dia livre e forte.

Resumo simples

As pequenas coisas que você procrastina consomem muito mais energia do que você acredita. Tire-as do seu caminho.

HISTÓRIA

Bashir é um executivo notável e um dos maiores procrastinadores que já conheci na minha vida.

Ele é incrivelmente inteligente, e tenho certeza de que, se fizéssemos um teste de QI, ele estaria à altura da Mensa. Mas, como líder, seu crescimento foi atrofiado. Ele não conseguia progredir porque passava os dias tentando compensar sua carga de trabalho. A culpa se acumulava tanto quanto as tarefas e o consumia até o fundo de seu estômago deixando-o literalmente doente.

A realidade era que Bashir tinha potencial para melhorar, mas ele não sabia como.

Quando começamos a trabalhar juntos, ele tinha mais de 150 itens diferentes que lhe deixavam infeliz. À medida que resolvíamos todos os problemas, um a um, ele tinha cada vez mais espaço para se dedicar ao trabalho estratégico.

Agora que já o acompanho há vários anos, posso dizer só de ouvir sua voz se seus sapos estão fora de controle. Se ele tem menos de dez, ele soa como seu eu normal do cotidiano — caloroso, lúcido e inteligente.

Se ele deixar sua lista se acumular ao ponto de 15 ou mais, cuidado. Ele se torna distraído, imprevisível e agitado com o estresse.

Nosso primeiro item da agenda, cada vez que nos reunimos, é rever sua lista de sapos — e nos certificamos de atualizá-la trimestralmente.

Hoje, com um sistema em funcionamento, ele consegue ficar em dia com suas tarefas mais facilmente. Em especial agora que ele entende a correlação óbvia com seu bem-estar mental e seu crescimento e progresso como líder.

25 sapos comuns

1. Dar feedback a funcionários com baixo desempenho
2. Mudar os cargos dos funcionários
3. Demitir ou rebaixar o cargo dos contratados
4. Dizer não
5. Lidar com conflitos não resolvidos
6. Pedir feedback a clientes
7. Cobrar dinheiro de clientes
8. Dispensar clientes ruins
9. Agradecer clientes
10. Dizer a um cliente que você cometeu um erro
11. Tolerar pedidos atrasados ou incorretos
12. Encerrar ou vender um negócio, ou parte de um negócio
13. Finalizar ou renegociar uma sociedade
14. Reservar férias e tempo para repousar
15. Agendar consultas médicas
16. Passar tempo de qualidade com os entes queridos
17. Tomar decisões relacionadas à família, ao lar e às finanças
18. Conflitos ou atritos não resolvidos
19. Encontrar um terapeuta
20. Planejar a aposentadoria
21. Fazer a declaração de seus impostos
22. Escrever seu testamento
23. Arrumar a desordem em casa
24. Fazer reparos domésticos
25. Dedicar-se a suas relações pessoais.

Cinco passos para a maestria

1. Conheça seus sapos

Desbloqueie os sapos que estão no fundo de sua mente. Ponha-os para fora. Escreva-os. Faça uma lista de cada um deles, grandes e pequenos.

Pense nisto como uma faxina mental, escavando o que atrapalha sua mente.

Inclua todos os afazeres que lhe dão uma pontada desagradável quando surgem em sua cabeça. Colocá-los no papel já é uma conquista por si só, porque isso o estimulará a agir.

Ação

Anote os primeiros trinta sapos que lhe vierem à mente.
Use a lista dos "25 sapos comuns" como uma referência.

30 SAPOS

1.
2.
3.
4.
5.
6.
7.
8.
9.
10.
11.
12.
13.
14.
15.

16.
17.
18.
19.
20.
21.
22.
23.
24.
25.
26.
27.
28.
29.
30.

2. Lamba dez sapos em dez dias

Esta é a melhor maneira de se treinar para criar o hábito de lamber sapos.

Ação

Escolha dez sapos da sua lista de trinta sapos com os quais deve lidar dentro de um período de dez dias. Escreva-os na primeira coluna da tabela dos meus dez primeiros sapos. Eles podem ser grandes ou pequenos, não importa. Trata-se de reduzir seu atraso para liberar energia e criar o hábito de lidar regularmente com aborrecimentos.

Conforme o atraso diminui, você notará melhoras em seu avanço, e se sentirá estimulado a manter o processo em andamento. Ao final do período de dez dias, observe o aumento de seu nível de energia. Note como é ter menos preocupações em sua mente. Sim, lamber sapos é brevemente desagradável, mas o retorno é maior.

Dica

Talvez você queira escolher sapos fáceis para dar um pontapé inicial. Ou talvez você queira enfrentar alguns sapos difíceis que realmente o desanimam. Ou uma combinação. Faça aquilo que mais lhe motiva.

TABELA DOS MEUS DEZ PRIMEIROS SAPOS

SAPO	O QUE FAZER
1.	
2.	
3	
4.	
5.	
6.	
7.	
8.	
9.	
10	

3. Lide com seus aborrecimentos

Há mais de uma maneira de lamber um sapo. Nem sempre é apropriado que você lide pessoalmente com ele. Às vezes, não é sua responsabilidade. Às vezes, você sabe que isso nunca acontecerá se ficar sob sua responsabilidade.

Há cinco maneiras padrão de lidar com os aborrecimentos.

Para cada sapo de sua lista, reveja as opções abaixo e escolha aquela que faz mais sentido para a situação.

1. **Faça.** Arranque o curativo imediatamente.
2. **Não faça**. Diga "não" à pessoa que lhe solicitou algo, se a tarefa simplesmente não for sua responsabilidade.
3. **Delegue**. Designe a tarefa a uma pessoa apropriada.
4. **Apague**. Esqueça completamente da tarefa. Decida que ela não acontecerá.
5. **Agende**. Comprometa-se a completar a tarefa até uma data específica, em algum momento. *Não* use isto como padrão. Só aplique esta opção quando realmente não for o momento certo para lidar com a tarefa.

Ação

Consulte a tabela meus dez primeiros sapos. Para cada sapo, observe qual das cinco maneiras de lidar com os aborrecimentos você usará.

4. Lamba primeiro seu sapo mais nojento a cada manhã

Parabéns. Você tem um novo hábito de vida.

Lidar com seu sapo mais desagradável a cada manhã é a maneira mais eficaz de liberar sua energia e de acabar com a procrastinação.

Antes de conferir os e-mails ou beber café, lamba seu sapo mais nojento. Observe a diferença na maneira como seu dia se desenrola. Você inevitavelmente se sentirá mais empoderado, mais energizado e mais entusiasmado ao longo do dia. Você conquistou um sapo e o dia mal começou. Você já é um herói.

Além disso, note a diferença quando você não consegue a força para lamber o sapo. O estresse disso permanece com você durante todo o dia, incomodando. Distraindo-o. Deixando-o desanimado.

Peço que meus clientes acordem todos os dias sabendo as três coisas mais importantes que precisam fazer naquele dia. O afazer número um deve ser seu maior sapo (a coisa que eles menos querem fazer). Vejo isto como um hábito de liderança de nível magistral.

OS TRÊS MAIORES SAPOS DE HOJE:

1.
2.
3.

Ação

Faça uma lista dos seus três maiores sapos para completar antes de começar seu dia amanhã.

5. Reserve um Dia do Sapo no escritório

Isto é muito mais frutífero do que um Dia Casual.

Faça do ato de lamber sapos parte de sua cultura corporativa. Reserve uma tarde (uma vez por trimestre ou duas vezes por ano) exclusivamente para completar tarefas incômodas. Peça que cada membro de sua equipe crie uma lista de trinta sapos pessoais e profissionais. No Dia do Sapo, desafie todos para ver quantos conseguem completar.

Esta é uma maneira certeira de revitalizar sua equipe, e de obter uma nova energia criativa. As pessoas têm um desempenho muito melhor sem um acúmulo de sapos que lhes deixam desanimadas.

O Dia do Sapo é uma declaração poderosa sobre o tipo de cultura que você está promovendo. Ele pede às pessoas que ultrapassem os obstáculos e façam o que precisam fazer.

Ação

Escolha uma data potencial para o primeiro Dia do Sapo da sua equipe.

Dica

Você pode chamar o Dia do Sapo do que quiser, é claro — Dia da Faxina, Dia do Novo Começo, Dia da Renovação. Adapte de acordo com a cultura de sua empresa.

Você precisa se empenhar nisto se...

1. A leitura deste capítulo lhe deixa tenso.
2. Não é raro que sua lista de afazeres se acumule por um mês ou mais.
3. Certas tarefas lhe causam frustração ou ansiedade.
4. As pessoas lhe pedem várias vezes para cumprir certas tarefas.
5. As pessoas ficam visivelmente irritadas com sua falta de continuidade.

Autoavaliação

Como você avalia seu cumprimento de tarefas indesejáveis antes que elas se acumulem?
Em uma escala de 0 (baixo) a 10 (alto): __________

6

Lide com seu lixo emocional

"Somos escravizados por tudo o que não podemos ver conscientemente. Nós somos libertados pela percepção consciente."
VERNON HOWARD, autor, professor espiritual, filósofo

Você precisa tomar as decisões que realmente deseja tomar livremente, mesmo quando isso incomoda alguém, causa danos a egos ou gera um pequeno terremoto dentro de sua empresa.

Isto requer nervos de aço. Às vezes, se você é como a maioria dos líderes, é difícil ser tão ousado.

Isso porque, em alguns momentos, seu lixo emocional (resíduo de tempos desafiadores em sua vida) está bem na superfície, diminuindo sua capacidade de fazer o que precisa ser feito. Este resíduo frequentemente toma a forma de pensamentos inconscientes.

Isso pode fazer com que você se questione, se preocupe com o que os outros pensam ou depois se arrependa da maneira como se comportou.

Traumas passados deixam lixo emocional em seu cérebro, afetando de forma invisível e subconsciente seu comportamento e decisões. Este lixo reduz sua inteligência emocional, enfraquecendo sua verdadeira capacidade como líder. Isso suscita emoções fortes e diminui sua capacidade de pensar estrategicamente. Esses pontos comprometem sua integridade e podem impedi-lo de dizer ou fazer o que precisa ser feito.

Ponto-chave
Livre-se do seu lixo emocional para que ele não estimule más decisões ou comportamentos lamentáveis.

A maioria dos líderes limita sua liberdade ao ignorar ou negar seu lixo emocional. Mas ele ainda está lá, lhe afetando quer se sinta confortável em reconhecê-lo ou não. E, se você não o limpar, nunca poderá ser verdadeiramente livre, não importa quanto dinheiro ou sucesso você tenha.

É claro que ninguém gosta de admitir que tem lixo emocional. Mas estas feridas de batalha são um fato da vida para todos; uma evidência universal da experiência humana.

Se você não limpar suas feridas, elas podem se abrir em momentos inconvenientes, fazendo com que sua mente mude para o modo de sobrevivência.

Elas podem fazer você agir como um tolo, o que, nem preciso dizer, é ruim para os negócios.

Você precisa ser capaz de responder com inteligência em cada situação, em vez de reagir emocionalmente.

Resumo simples

Não deixe que o lixo emocional lhe atrase como um líder.

HISTÓRIA

Phil estava tendo dificuldades para expandir sua empresa.

Apesar de uma equipe de executivos bem remunerados, ele frequentemente parecia estar fazendo tudo sozinho. Ele estava esgotado, continuamente exausto e frustrado. A empresa estava indo suficientemente bem, mas não crescia ao ritmo que ele sabia que poderia crescer.

Phil é o tipo de indivíduo que se sente desconfortável ao redor dos outros. Com medo de dar feedback e de forçar as pessoas a realmente fazer bem o seu trabalho, ele ia até os confins do mundo para impedi-las de pedir demissão. Isso incluía fazer o trabalho delas — o que o deixava tão ocupado que até mesmo a ideia de procurar outra pessoa-chave o fazia querer explodir.

Pior ainda, a cada poucos meses ou mais, quando um membro de sua equipe executiva decidia pedir demissão, Phil entrava em pânico e oferecia mais dinheiro à pessoa para que ela não fosse embora.

Sua equipe, com baixo desempenho, lhe custava cada vez mais dinheiro. E ele não entendia que seus executivos não o levavam a sério.

Quando comecei a trabalhar com Phil, ele percebeu que tolerava mau comportamento e desempenho medíocre por causa de seus próprios problemas. Ele motivou-se a fazer grandes mudanças em si mesmo e em sua empresa.

Primeiro, ele precisava trabalhar com um terapeuta para lidar com o lixo emocional de sua infância que o deixava desconfortável ao redor das pessoas.

Em seguida, ele substituiu sua equipe executiva por tipos de personalidade que eram mais adequadas para ele, e por pessoas sinceramente comprometidas com seus trabalhos.

Ele contratou um especialista em recursos humanos para ajudá-lo a articular claramente suas expectativas em relação aos executivos, e para ensiná-lo a dar um melhor feedback.

E como alternativa, ele usa meus serviços para ajudá-lo a lidar com algumas das questões interpessoais mais difíceis, mantendo todos na linha.

Com as ferramentas certas, e o apoio certo, a empresa de Phil está agora crescendo em um ritmo impressionante. Pessoalmente, ele está mais forte a cada mês, e profissionalmente está crescendo como líder.

Cinco passos para a maestria

1. Se você estiver com as emoções à flor da pele, não decida ou reaja

Esta simples regra de liderança nunca deve ser quebrada. As emoções são maravilhosas, mas também destrutivas e enganosas quando se trata de tomar decisões.

Seja raiva, frustração, tristeza, excitação, ou qualquer outra emoção, deixe que ela se dissolva antes de tomar uma decisão ou reagir a uma situação.

Quando a emoção se estabiliza, você vê as coisas com mais clareza, se comunica de forma mais neutra. Você ouve com mais precisão.

É muito menos provável que você se arrependa de algo que diga ou faça. Suas decisões são mais seguras e estratégicas.

Ação

Da próxima vez que você estiver se sentindo emocionado diante de uma decisão ou de algo que está prestes a fazer, espere 24 horas, e deixe a emoção estabilizar.

2. Conheça seu lixo emocional

Você pode descobrir seu lixo emocional notando os tipos de situações que o deixam tenso. Observe quando você procura a aprovação de outras pessoas, ou age de uma forma diferente do seu jeito de ser. Repare quando você desiste do que realmente deseja.

Talvez você tenha dificuldade em dizer "não" às pessoas que o admiram. Ou se afaste quando as pessoas ficam irritadas. Talvez você tenha uma fraqueza por pessoas encantadoras, mas medíocres. Ou exploda quando vê alguém sendo explorado.

Quaisquer que sejam seus gatilhos, quando são ativados, eles afetam seu raciocínio e sua tomada de decisão.

Ação

Use a tabela de lixo emocional para verificar as causas de suas decisões ruins, ou comportamentos lastimáveis. Preencha as primeiras duas colunas da tabela.

EXEMPLO DE TABELA DE LIXO EMOCIONAL

DECISÃO RUIM OU COMPORTAMENTO LASTIMÁVEL	LIXO EMOCIONAL	SOLUÇÃO
1. Adiou a demissão de funcionários.	Desconfortável com o conflito	Acionar o RH com antecedência
2. Contratou a agência de publicidade errada	Pressionado pelo vice-presidente de marketing	Expressar opinião por escrito quando pressionado
3. Dirigiu perigosamente a caminho de uma reunião	Preocupado com a possibilidade de perder o respeito dos clientes	Partir 15 minutos antes do que você pensa que precisa
4. Gritou com um funcionário	Motivado por desrespeito	Encerrar a conversa assim que a raiva surgir

TABELA DE LIXO EMOCIONAL

DECISÃO RUIM OU COMPORTAMENTO LASTIMÁVEL	LIXO EMOCIONAL	SOLUÇÃO
1.		
2.		
3.		
4.		

3. Tenha soluções

Quando você conhece seu lixo emocional, pode ter soluções para se manter sob controle. Você pode encontrar um caminho alternativo a ser seguido para cada um de seus gatilhos emocionais.

As soluções podem ser algo simples, como buscar uma segunda opinião, esperar 24 horas antes de agir, dizer não, não tomar decisões quando está cansado, exigir que outra pessoa faça parte de reuniões ou decisões específicas, ou não enviar e-mails quando você está irritado.

No meu caso, parto muito cedo para todas as reuniões de clientes e voos, de modo que não sou afetado pelo atraso. Peço para continuar uma conversa depois quando minha raiva vem à tona, para evitar gritar com os outros no calor do momento.

Ação

Preencha a coluna "solução" na tabela de lixo emocional.

4. Conheça os sinais de alerta

Sejamos francos. Você sabe quando está prestes a dizer algo estúpido ou a tomar uma decisão ruim. Pode sentir isso acontecendo. Você sabe quando está *nesse* modo.

Agora você precisa aprender a impedir a si mesmo *antes* de fazer ou dizer algo lastimável. É simplesmente uma questão de aumentar sua consciência.

No início, pode ser que esteja apenas um pouco atento à medida que a coisa está acontecendo, mas, depois disso, estará bem atento. Por exemplo, pode ser que você sinta a frustração aumentando e grite com alguém mesmo que haja uma parte sua que realmente não queira fazer isso.

Com atenção concertada, você pode se conscientizar rapidamente para intervir; para mudar a situação enquanto ela está acontecendo. Então você pode dizer algo como: "Uau, estou me sentindo irritado com isso. Retiro o que acabei de dizer. Vamos falar sobre isso novamente amanhã, quando eu estiver mais calmo." Eventualmente

— e este é o Santo Graal — você será capaz de prever com bastante antecedência que certos tipos de situações são suscetíveis a lhe dar gatilhos. Então você poderá tomar medidas antes que eles ocorram. O mau comportamento e as decisões ruins não precisam acontecer.

Tudo começa ao perceber quando se entra *nesse* modo. Eu tenho uma sensação em meu peito quando estou prestes a dizer algo que não é apropriado. Algumas pessoas se sentem encurraladas mesmo antes de tomarem uma decisão ruim. Outras têm uma sensação de pânico.

Ação

Que sensações físicas ou emocionais são sinais de aviso de que você está sendo estimulado a se comportar mal, ou a tomar uma decisão lastimável?

1.
2.
3.
4.
5.

5. Limpe o lixo

As soluções ajudam a superar situações complicadas, mas não podem eliminar o lixo emocional subjacente. Você pode limpar pequenos amontoados de lixo trabalhando com um coach, mas problemas maiores e mais difíceis requerem um psicólogo.

Quando você arregaça as mangas para lidar com seus gatilhos, aprende coisas fascinantes. Pode ser que você descubra que a razão pela qual você é tão obcecado por dinheiro é que seus pais faliram quando você tinha 11 anos, e você nunca processou o estresse desse evento de verdade.

Pode ser que você descubra que a razão pela qual você tem gatilhos ao se deparar com personalidades agressivas é porque você foi intimidado na terceira série, ou porque você foi um valentão na terceira série.

Talvez seus pais sejam imigrantes, então você sempre sente a necessidade de provar seu valor a qualquer custo. Ou você foi severamente repreendido por não ser o melhor de sua classe.

Todos têm algum tipo de lixo emocional para limpar. Isso é parte do ser humano.

Parece irritante ou demorado trazer à tona e processar tudo isso? Não precisa ser.

Mas requer força de vontade. É importante perceber que sua escolha para lidar com o lixo emocional é, em última instância, o que determina até onde você pode ir como líder. Cada vez mais líderes são prejudicados pelo lixo emocional do que por qualquer outra causa.

Com o profissional certo, você pode eficientemente limpar o lixo de seu sistema. As melhorias em suas habilidades como líder serão significativas e rápidas.

Ação

Que profissionais poderiam ajudá-lo a limpar seu lixo emocional? Entre em contato com um deles esta semana para iniciar o processo.

1.
2.

SOLUÇÃO PARA AS COMPRAS COMPULSIVAS DE KEVIN

Eu tenho um histórico infeliz de fazer compras compulsivas e, posteriormente, questionar minha sanidade. Isto é causado diretamente pelo meu problema de escassez de tempo e agravado pela minha vontade de concluir tarefas.

Por isso, criei uma regra pessoal. Eu só faço uma compra se meu instinto diz claramente: "Com certeza, sim".

Quando não tenho certeza sobre uma compra, digo ao vendedor que voltarei em cerca de uma hora, se ainda quiser. Pode ser que eu peça que guardem o produto pelo resto do dia.

Se for uma compra on-line, deixo o item no carrinho por um dia ou dois.

Sempre que me dou tempo e espaço, percebo rapidamente se o item é realmente para mim, ou não.

Você precisa se empenhar nisto se...

1. Você às vezes desiste de decisões que realmente quer tomar.
2. O que os outros pensarão de você é um fator muito importante em suas decisões.
3. Você às vezes fica chocado ou envergonhado com o próprio comportamento.
4. Suas reações emocionais às vezes são desproporcionais ao assunto em questão.

Autoavaliação

Até que ponto você consegue não responder de forma irracional ou emotiva?

Em uma escala de 0 (baixo) a 10 (alto): __________

7

Cuide de sua saúde mental

"Não é a carga pesada que quebra você. É a maneira como você a carrega."
LENA HORNE, ícone do Jazz e ativista de Direitos Civis

A saúde mental é o grande segredo da sala de reuniões da diretoria.

Você não está sozinho se, às vezes, sofre mental e emocionalmente. Ninguém é imune, nem mesmo os mais fortes entre nós.

E isso é de espantar? Os líderes enfrentam constantemente as duras realidades dos negócios, e as adversidades da vida. Isto os coloca em maior risco de uma crise de saúde mental, e faz da gestão do bem-estar mental uma habilidade imprescindível.

A verdade desconfortável é que você consegue lidar com o estresse até certo ponto.

Uma crise de saúde mental é uma tempestade monstruosa. Pode surgir como depressão, ansiedade, exaustão mental, estresse incontrolável, ataques de pânico, raiva severa, distanciamento social, abuso de substâncias ou um distúrbio alimentar (para citar algumas possibilidades).

Acontece quando o estresse supera os mecanismos de enfrentamento que você conhece e sua energia se esgota; seu suprimento de oxigênio é drenado. Nesses momentos nebulosos, o único passo racional é encontrar um profissional que possa ajudá-lo a restaurar sua resiliência mental.

Não deixe que o desconforto ou a vergonha o impeça de pedir ajuda. A maioria das pessoas espera muito tempo. O que elas não entendem é que é completamente possível resolver a maioria dos problemas de saúde mental.

Inclusive, é possível prevenir alguns deles, se você aprender a monitorar seu estado mental e tiver uma rotina constante para cuidar de seu bem-estar mental.

Mas não importa o quão diligente você seja, você precisará de um plano rígido de apoio caso a vida realmente o lance para um círculo vicioso.

Você pode se encontrar em uma situação em que usa álcool, drogas (ou outra substância ou comportamento viciante) porque parece ser um mecanismo necessário para lidar com a questão. Mas, em última análise, o vício só deixa você em frangalhos, portanto, é preciso ter força para encará-lo de frente. Com a ajuda certa, você pode encontrar novas maneiras de lidar com essas questões.

Ponto-chave
Tenha um plano A e um plano B para cuidar da sua mente.

Silencie o estigma

Vamos mudar o foco e falar sobre sua equipe. Como líder, você está em condições de ajudar a silenciar o estigma associado à saúde mental. Peço-lhe que assuma este papel. Eduque a si mesmo. Reconheça a luta. Fale sobre isso com sua família, amigos e equipe.

Em última análise, a saúde mental não é diferente da saúde física. As pessoas apenas reagem de forma diferente por causa do estigma.

Se alguém quebra uma perna no trabalho, todos sabem exatamente o que fazer: ir até essa pessoa, confortá-la, estabilizá-la se puderem e chamar os paramédicos.

Mas se alguém no trabalho tem um colapso, uma explosão emocional, ou desenvolve um vício, todos paralisam. As pessoas recuam ou dizem coisas que não ajudam. Ninguém sabe a quem chamar ou o que fazer. Muitas vezes, elas não fazem nada.

É assim que a tragédia acontece.

A realidade é que estamos todos apenas a um ou dois passos de uma crise de saúde mental. Portanto, esteja preparado para lidar com os problemas quando eles surgirem para você e para as pessoas ao seu redor. Há um caminho de volta ao bem-estar mental.

Resumo simples

É essencial cuidar tanto de sua mente quanto de seu corpo.

HISTÓRIA

Colin é um advogado com uma personalidade clássica de alto desempenho.

Ele está programado para vencer. Ele possui a natureza de um caçador, e isso tem sido de grande utilidade.

Como muitos executivos, Colin sinceramente tenta cuidar de si mesmo. Suas horas de trabalho são intensas, mas ele come bem, joga tênis regularmente e desfruta de muitas viagens pessoais.

Em uma sexta-feira à tarde, recebi uma série inesperada e frenética de mensagens de Colin, perguntando se eu poderia falar imediatamente. Não era seu estilo entrar em pânico, então eu sabia que algo estava errado.

Expliquei via mensagem que estava em uma sessão, depois estaria em um avião para casa, e perguntei: “Podemos conversar na segunda-feira?”

Ele respondeu: “Que tal amanhã, sábado, às sete horas?”

E assim eu soube que algo ruim tinha acontecido. Nos muitos anos trabalhando com Colin, nunca tínhamos nos falado em um fim de semana, não importava o que acontecesse.

Acontece que Colin cometeu um erro, que veio a público, em um grande projeto para o governo da cidade. Algo do tipo jamais havia acontecido, e isso o abalou até o âmago.

Às vezes, eu mal conseguia entender o que ele dizia. Ele estava dominado pela ansiedade. Havia perdido sua capacidade de pensar racionalmente e ver além da crise atual. Sentia-se desesperado e envergonhado. Em sua mente, sua carreira estava acabada.

Mas eu não estava preocupado com sua carreira. Eu estava preocupado com o seu estado mental.

Nós conversamos cuidadosa e lentamente sobre a situação.

Soube que ele tinha trabalhado mais horas durante os últimos meses. Seu horário de tênis havia caído no esquecimento, e ele não tinha uma noite tranquila de sono há muitas semanas. Ele tinha perdido o controle de seus hábitos alimentares — às vezes se alimentando mal, ou não comendo nada. Sua mente geralmente afiada estava sombria e sem brilho.

Demorou algum tempo, mas, trabalhando com seu médico e comigo, Colin voltou ao caminho certo. Ele tem uma nova e mais rigorosa estratégia para o autocuidado e está de volta ao seu auge.

Agora, sem falta, Colin joga tênis ou se exercita pelo menos três vezes por semana. Além disso, ele faz um passeio de bicicleta ou uma caminhada todos os fins de semana. Ele escreve em um diário por 15 minutos a cada dois dias. E, muito importante, ele dorme um mínimo de sete horas por noite.

Sua carreira de sucesso certamente não terminou. Com sua nova abordagem, acho que, em muitos aspectos, está apenas começando.

A história de Colin está longe de ser única. Já vi variações de seu relato pelo menos uma centena de vezes ao longo de minha carreira.

O padrão é completamente previsível. As pessoas ficam ocupadas, deixam de cuidar de si mesmas e, como resultado, caem em um estado mental enfraquecido. A vida lhes prega uma peça.

Negligenciar as coisas mais básicas é o que atrapalha as pessoas — não comer bem, dormir mal, ou não acalmar a mente.

O remédio é sempre o mesmo: obter ajuda profissional e comprometer-se novamente com seus Rituais de Resiliência.

Seis passos para a maestria

Modelo do Continuum da Saúde Mental

SAUDÁVEL	REATIVO	DESGASTADO	DOENTE
Variações normais de humor	Irritável/impaciente	Zangado	Explosões de raiva/ agressão
Sereno e leva as coisas com tranquilidade	Nervoso	Ansioso	Ansiedade excessiva/ataques de pânico
Bom senso de humor	Triste/desiludido	Profundamente triste/desolado	Deprimido/ pensamentos suicidas
Bom desempenho	Sarcasmo deslocado	Atitude negativa	Excesso de insubordinação
Mentalmente no controle	Procrastinação/ esquecimento	Baixo desempenho/ workaholic Má concentração e tomada de decisões	Não consegue executar tarefas, controlar seu comportamento ou se concentrar
Padrões normais de sono Pouca dificuldade para dormir	Dificuldade para dormir Pensamentos intrusivos/ pesadelos	Sono inquieto e perturbado Imagens recorrentes/ pesadelos	Não consegue adormecer ou dormir Dorme muito ou bem pouco
Fisicamente bem	Tensão muscular/ dores de cabeça	Aumento de dores	Doenças físicas
Bom nível de energia	Baixa energia	Aumento da fadiga	Estafa

Ativo física e socialmente	Diminuição de atividades e de socialização	Evasão/isolamento	Não sai nem atende ao telefone
Sem uso ou uso limitado de álcool Jogo	Consumo regular, mas controlado de álcool Jogo	Aumento do consumo de álcool O jogo é difícil de controlar	Dependência de álcool ou jogo Outros vícios

1. Observe quando o estresse começa a rachar sua armadura

Um certo estresse aumenta o desempenho, mas você precisa saber quando você, ou alguém próximo, ultrapassa esse limite. Todos têm um ponto de ruptura. Recomendo uma ferramenta chamada Continuum da Saúde Mental, que é utilizada por associações de saúde mental em todo o mundo. É uma maneira fácil de avaliar rapidamente o estado mental e detectar sinais de alerta.

Vou dar-lhes um breve resumo aqui, mas peço-lhes que consultem a versão completa em lawrenceandco.com/books (conteúdo em inglês). Estendo minha gratidão a Cameron Keller da Kaleidoscope Consulting, que me apresentou a esta incrível ferramenta.

Continuum da Saúde Mental

SAUDÁVEL

Humor normal, sono, atividade social, nível de energia, desempenho, bem-estar físico.

REATIVO

Nervosismo, tristeza, dificuldade para dormir, cansaço, energia baixa, tensão, diminuição da atividade social, procrastinação, tensão muscular, dores de cabeça.

DESGASTADO
Ansiedade, raiva, tristeza generalizada, desesperança, sono inquieto, fadiga, dores, diminuição do desempenho, evasão social ou retração.

DOENTE
Ansiedade excessiva, humor facilmente enfurecido, deprimido, incapaz de adormecer ou dormir, exaustão, fisicamente doente, incapaz de realizar tarefas, absenteísmo, isolamento, distanciamento de eventos sociais.

Uma pessoa bem equilibrada passa a maior parte de seu tempo na zona verde. Em minha experiência, a maioria dos líderes passa pelas zonas amarela e laranja com certa regularidade e, quando as coisas ficam difíceis, mergulha na zona vermelha. Eu sei que isto ocorre comigo e com muitos executivos que auxilio.

Eu uso esta estrutura com meus clientes e é incrivelmente comum que alguém de repente perceba: "Minha nossa, estou na zona laranja agora". É uma verificação da realidade imediata.

E isso é o mais importante: não importa em qual ponto você esteja no espectro, há *sempre* um caminho de volta à zona verde.

Quando as pessoas estão nas zonas laranja ou vermelha, o bem-estar mental pode parecer uma realidade distante, ou mesmo impossível. É por isso que estas zonas são perigosas. Você não tem perspectiva.

Seu estado de inquietação pode parecer permanente, mas não é. Você *pode* ficar melhor.

Mas você precisará da ajuda de um profissional para encontrar seu caminho de volta ao bem-estar mental.

Ação

Reveja o Continuum da Saúde Mental: em que zona você está neste momento?

Se você estiver na zona verde ou amarela, faça uma lista de coisas que você pode começar a fazer (e/ou continuar fazendo) e parar de fazer (ou fazer menos) para fortalecer sua saúde mental. Consulte seus Rituais de Resiliência do capítulo 3 — estas são as atividades para começar a fazer ou para fazer mais vezes.

COMEÇAR (OU FAZER MAIS VEZES)

1.
2.
3.
4.
5.

PARAR (OU FAZER MENOS VEZES)

1.
2.
3.
4.
5.

Se você estiver na zona vermelha ou laranja, marque uma consulta com o médico da família ou com um especialista em saúde mental, para voltar ao normal. Há mais informações sobre isto no ponto quatro deste capítulo.

2. Esteja atento aos grandes eventos da vida

Existem certos eventos da vida que podem lançar até mesmo a pessoa mais resiliente em um ciclo vicioso. Até mesmo uma pessoa forte pode se desestabilizar. Mas, se alguém experimenta dois desses eventos consecutivamente, é uma razão definitiva para estar atento aos sinais de alerta no Continuum da Saúde Mental.

Principais eventos da vida

Qualquer um desses eventos pode desencadear um problema de saúde mental:

- perda do emprego
- perda de um sonho na carreira
- morte dos pais ou avós (mesmo que idosos)
- aborto
- abuso
- doença ou lesão (as que afetam o estilo de vida, mesmo que pequenas)
- doença ou lesão de um ente querido
- fim de um relacionamento
- pessoa-chave de apoio que se afasta
- perda ou crise financeira
- conflito muito difícil
- ação judicial
- erro significativo
- chegada de um novo chefe
- perda de um animal de estimação
- filhos saindo de casa

Ação

a) Se você está enfrentando um ou mais destes problemas, avalie a si mesmo... você está bem?

- Se tudo estiver bem, ótimo. Mas fique de olho em qualquer coisa fora do comum.
- Se não estiver bem, vá para o ponto quatro deste capítulo e procure ajuda.

b) Alguém em sua vida está enfrentando uma ou mais destas questões neste momento? Como parece que ela está lidando com isso?

- Como acima, se tudo estiver bem, ótimo. Cuidado com qualquer coisa fora do comum.
- Se as coisas não estiverem bem, leia o ponto quatro e procure ajuda.

3. Faça uma faxina mental

A maioria das pessoas tem pelo menos um grande trauma que precisa tratar até a meia-idade; algumas têm muitos.

Pode ser que você saiba que traumas do passado o afetam de alguma forma. Eles podem surgir quando você estiver no limite ou pairar calmamente em seus pensamentos. Mas também é possível que eles o afetem sem que você saiba, escondendo-se sob a superfície de sua consciência.

É importante rever seu histórico de vida, anotar seus principais traumas (use a lista de principais eventos da vida, supracitada, para orientação), e fazer a si mesmo uma pergunta difícil para cada um deles: esta é uma ferida aberta ou cicatrizada?

Se seu pai morreu há vinte anos e a dor dessa perda permanece aguda, é uma ferida aberta, apesar da passagem do tempo. Se é difícil pensar ou falar sobre um evento passado, é uma ferida aberta que precisa ser curada.

Recomendo buscar ajuda especializada para tornar o processo de cura mais rápido e fácil, mesmo que seja possível curar grandes feridas por conta própria.

Ação

Reveja a lista dos principais eventos da vida. Que eventos passados podem estar incomodando você sob a superfície?

PRINCIPAL EVENTO DA VIDA	FERIDA ABERTA OU CICATRIZADA?
1.	
2.	
3.	
4.	
5.	

4. Saiba a quem recorrer

Certifique-se de que um bom profissional de saúde mental esteja em sua lista de contatos, apenas a um texto de distância a qualquer momento.

Então, sempre que você se encontrar na zona laranja ou vermelha do Continuum da Saúde Mental, você sabe exatamente o que fazer. Entre em contato com este especialista.

É útil conhecer o programa de benefícios de sua empresa com antecedência, pois os serviços de aconselhamento provavelmente estão inclusos.

Se você não tiver um profissional de confiança, peça uma recomendação a seu médico.

Quando outra pessoa está em sofrimento emocional, é importante ser realista sobre o papel que você desempenha. A menos que você seja um profissional da saúde mental, não assuma a tarefa de ser sua principal fonte de conselho e apoio. Você não tentaria tratar um fêmur fraturado ou uma artéria entupida. Os especialistas existem por uma razão.

Isso não quer dizer que você não deva tomar medidas — *faça* isso. Seu papel é permitir que um profissional se envolva e, é claro, ofereça gentileza.

Ação

Com que profissionais da saúde mental você pode entrar em contato se surgir um problema para você ou alguém que você conhece?

a) ____

b) ____

Se você não tiver certeza, procure alguém em sua rede de contatos para lhe indicar um especialista. Se você não tiver certeza a quem perguntar, seu médico é uma aposta segura.

5. Tome medidas preventivas

Seus Rituais de Resiliência são um poderoso ponto de partida quando se trata de prevenção. Estas são as atividades que acalmam e rejuvenescem você. Elas são uma válvula de escape para o estresse. Em geral, pesquisas dizem que a manutenção regular da saúde mental inclui:

- **Exercitar-se:** um regime de exercícios regulares faz uma grande diferença na saúde mental. Precisa ser algo que você goste — um esporte em equipe, corrida, academia, caminhada, ioga, natação... seja lá o que lhe motive de forma constante.
- **Comer bem:** seu corpo reage aos alimentos que consome, e sua mente reage ao seu corpo. Portanto, leve isto a sério. Comer porcarias não traz bons resultados. Isso desestabiliza seus níveis de açúcar no sangue, dificultando a regulação de seu humor. Você se sentirá melhor mentalmente com alimentos saudáveis em seu sistema.
- **Limpar sua mente:** você precisa se livrar regularmente das preocupações e dos pensamentos recorrentes em sua mente. Descobri que escrever em um diário e meditar são as duas formas mais eficazes de fazer isso. Eu escrevo regularmente. Em 15 minutos, posso passar de louco a calmo e concentrado, despejando meus pensamentos sobre o papel. Isto é semelhante a sucos desintoxicantes para o corpo. Ele livra sua mente de toxinas.
- **Ter conexões sociais:** o amor e o companheirismo de outras pessoas são fundamentais para a existência humana. Faça com que passar bons momentos com pessoas próximas a você seja uma prioridade. Isso o ajudará a manter as coisas em perspectiva.
- **Fazer coisas que você gosta:** eu sei, eu sei — você ama o trabalho. Eu também. Mas o bem-estar mental, do mesmo modo, requer experimentar coisas que lhe deem o tipo de diversão e encantamento que você experimentou quando era criança.

Estas coisas são específicas para cada um. Para mim, é andar de barco e corrida de carro com a família e os amigos.

- **Conversar com alguém:** faça isso o quanto antes quando surgirem problemas. Não fique sozinho com pensamentos sombrios ou ansiedade. Estenda a mão. É por isso que pode ser tão útil ter um coach em quem confie. Seu coach pode ser uma voz imparcial para assuntos pessoais e comerciais, e ajudá-lo a encontrar as soluções corretas.

Mas é crucial entender que fazer essas atividades não o torna imune a problemas de saúde mental quando ocorrem grandes eventos na vida. É muito provável que você precise de apoio nessas situações.

Ação

Quais medidas preventivas você precisa começar ou fazer mais vezes?

MEDIDA PREVENTIVA	QUANDO/COMO
1.	
2.	
3.	

6. Tenha conversas informais em particular

Quando estiver confortável com seus conhecimentos sobre o Continuum da Saúde Mental e colocar seu próprio plano em andamento, você poderá ficar mais consciente do estado das pessoas ao seu redor.

É possível que comece a notar coisas sutis nas pessoas que possam indicar seu estado mental — como mudanças na aparência, atitude, atividade social, frequência no trabalho ou uso de substâncias.

Pode ser que você comece a ter uma noção de quando alguém que você conhece talvez esteja caminhando para ter problemas. Este é o momento para uma conversa informal em particular. Reserve um tempo para conversar com a pessoa fora do escritório, onde é mais provável que ela se abra sobre tópicos potencialmente difíceis.

Tudo o que você tem que fazer é dizer gentilmente que notou que algo parece diferente, e está se perguntando se pode haver algo realmente estressante acontecendo. Se a pessoa se abrir e compartilhar algo, escute e seja compassivo. As pessoas podem se beneficiar muito quando alguém ouve e compreende sua situação. Às vezes, isso é o suficiente.

Se for o caso, você poderá informá-las sobre o Continuum da Saúde Mental, e sua experiência pessoal pelas zonas amarela e laranja. Veja aonde a conversa o leva. Seja uma companhia calma e atenta. Se parecer necessário, indique um profissional de confiança, ou ofereça-se para ajudar a encontrar um.

Ação

Quem talvez precise de uma conversa informal em particular com você esta semana?

Você precisa trabalhar sua saúde mental se alguma destas situações se aplicam...

1. Sua mente está fora de controle. Isso impede que você se sinta bem ou tome boas decisões.
2. Os eventos passados não foram esquecidos por você e lhe assombram algumas vezes.
3. Você está ansioso ou irritado ao ponto de isso atrapalhar sua vida.
4. O comportamento viciante é um mecanismo de defesa. O vício aumenta com o tempo.
5. Você está estressado a ponto de prejudicar seu desempenho.

Autoavaliação

Quão bem você cuida de sua saúde mental?

Em uma escala de 0 (baixo) a 10 (alto): __________

8

Aprenda como se sua vida dependesse disso

"O homem que não lê não tem vantagem sobre o homem que não sabe ler."
MARK TWAIN

Chega um momento na vida de todo líder que ele acredita que sabe tudo sobre o seu negócio. Quando esse momento chegar para você, tome cuidado.

Você está prestes a cair de um penhasco.

Com certeza você sabe muitas coisas, e sua experiência de negócios é inestimável. Mas seja realista — o ritmo atual das mudanças no mundo é uma loucura. Você precisa se manter atualizado se quiser continuar relevante e bem-sucedido.

Você precisa permanecer curioso e humilde, quer sua empresa valha um dólar ou um bilhão. Você ainda tem muito a aprender.

Quando os líderes me dizem que estão muito ocupados para investir tempo no aprendizado, eu lhes digo que ser estúpido custa caro e é perigoso. Arrume tempo.

Ponto-chave
Você precisa dobrar sua capacidade a cada três ou cinco anos para merecer um cargo de liderança.

Caso contrário, você se verá implementando estratégias que eram brilhantes há cinco ou dez anos, mas que não funcionam bem hoje em dia. Isto pode potencializar o seu trágico declínio para a obsolescência, até que um dia você se veja tendo que explicar a seus entes queridos por que a diretoria lhe colocou no olho da rua e você precisa vender seus bens pessoais.

Não é preciso chegar a este ponto. Você é claramente uma pessoa inteligente. Invista a energia necessária para estar à frente do jogo.

Dos maiores executivos seniores, dez por cento leem uma média de 24 livros por ano, de acordo com um estudo do dr. Brad Smart, autor de *Topgrading*.

As empresas líderes mundiais enviam suas equipes para programas de gestão nas escolas da Ivy League. Algumas até mesmo desenvolvem universidades internas.

Se as melhores empresas do planeta colocam tal ênfase no aprendizado, certamente você também deve fazer isso.

Resumo simples

O conhecimento por si só não é a questão. É preciso colocar em prática o que se aprende, ou você não estará à frente.

HISTÓRIA

Carrie não conseguia entender por que sua respeitável empresa de manufatura, há tantos anos no mercado, estava agora enfrentando dificuldades para se tornar uma empresa lucrativa.

Trimestre após trimestre, ela e sua equipe executiva quebravam a cabeça, tentando entender o que estava errado. Seus produtos eram de boa qualidade. Seus clientes eram notáveis e leais. Mas, depois de décadas no negócio, o lucro agora os iludia, e Carrie não conseguiria manter o navio à tona por muito mais tempo.

Quando ela me chamou para ajudar, eu exigi que toda a equipe executiva lesse *Islands of Profit in a Sea of Red Ink* (Ilhas de lucro em um mar de tinta vermelha, em tradução livre) de Jonathan Byrnes. Eles ficaram atordoados com esta maneira completamente difusa de pensar sobre a lucratividade.

Eles não precisavam mais percorrer sua lista exaustiva e infrutífera de ideias antigas. Viram uma luz sobre seus verdadeiros custos de produtos. Eles retiraram do catálogo vários produtos de baixo desempenho e encontraram maneiras de reduzir os custos de produção em outros. Além de aumentarem os preços onde era necessário.

Em pouco tempo, a empresa com baixo desempenho aumentou sua margem bruta em cinquenta por cento.

Eles só precisavam pensar na rentabilidade de uma forma moderna e sair da caixinha.

Para fazer isso, Carrie e sua equipe — e todos os líderes em todos os lugares — precisam entrar em contato com pessoas de fora do seu campo de ação imediato.

Eles precisam ler.

A maioria dos CEOs e executivos simplesmente não lê o suficiente.

Na verdade, a maioria dos líderes para de ler depois de se graduar. Estou falando de pessoas extremamente inteligentes, bem instruídas e que simplesmente não dedicam tempo para continuar aprendendo.

Portanto, uma das primeiras coisas que geralmente faço com meus clientes é instituir uma política de leitura de um livro por trimestre, para toda a equipe executiva.

Carrie fez desta política parte de sua cultura corporativa — para evitar que sua equipe e empresa ficassem presas novamente por formas de pensar restritas ou ultrapassadas.

Cinco passos para a maestria

1. Reserve tempo para aprender

A liderança requer visão de futuro. Você precisa dos conhecimentos e habilidades não apenas para onde seu negócio está hoje, mas para onde ele estará daqui a três anos.

Se você não está muito à frente de seus negócios e do mercado, você não é um líder. Você está sendo controlado pelas circunstâncias.

É muito fácil ficar preso no modo de sobrevivência, aprendendo apenas o que é necessário para sobreviver. Mas o que você realmente precisa aprender é como estar à frente. Isso é aprendizado estratégico. E, se você não investir tempo nisso, permanecerá no purgatório dos negócios: o modo de sobrevivência.

Então, talvez você precise se aprofundar em uma nova área de produtos para que possa expandir seu modelo de receita daqui a dois anos. Ou talvez você precise se tornar um especialista em aquisições para sustentar seu plano de longo prazo.

Planeje acumular conhecimentos que o ajudem a prosperar no futuro.

Ação

1. Atualmente, quantos dias por ano você investe no aprendizado estratégico? Isso pode incluir leitura de livros, pesquisa on-line, assistir a vídeos, consultas a especialistas; e participação em webinars, workshops e conferências. **Dias úteis por ano**: ______________________________

2. Quantos dias por ano você acha que precisaria para estar no seu melhor?

Dias necessários por ano: ______________________________

3. Qual é a diferença entre 1 e 2? Este é o número de dias que você precisa definir para um aprendizado adicional. **Dias adicionais por ano:** ____________________

2. Escolha suas áreas

Há literalmente milhares de tópicos que você pode estudar para ajudar sua empresa a ter um melhor desempenho. Então, quais escolher?

O núcleo de seu aprendizado deve se concentrar em áreas diretamente relacionadas ao seu cargo, ao seu mercado e ao seu plano de negócios.

Sugiro que você divida seu plano de aprendizado em duas categorias:

Iniciativas estratégicas: considere de três a cinco principais iniciativas estratégicas que você está planejando para atingir seus maiores objetivos comerciais de longo prazo.

Que tópicos você precisa dominar para sustentar essas iniciativas? Faça de sua missão tornar-se uma das pessoas mais instruídas do mundo, em pelo menos duas dessas áreas.

Ação

Use a tabela de aprendizagem estratégica para planejar suas iniciativas de aprendizagem.

TABELA DE APRENDIZAGEM ESTRATÉGICA

MAIORES INICIATIVAS ESTRATÉGICAS PARA OS PRÓXIMOS 3-5 ANOS	O QUE VOCÊ VAI DOMINAR PARA ISSO?	COMO VOCÊ GOSTARIA DE APRENDER?	QUANDO?
1.			
2.			
3.			
4.			
5.			

Fascínios pessoais: sua mente está no seu ponto mais aguçado e criativo quando você permite que ela explore seus fascínios mais selvagens. É com entusiasmo que o encorajo a pensar além das áreas óbvias de estudo.

Se você gosta de borboletas, aprenda sobre borboletas. Se você se sente estimulado pela mitologia egípcia, aprenda sobre isso. Se você é fã de geologia, vá em frente.

Você ficará encantado. Expandir sua mente em áreas de interesse aparentemente aleatórias é mais do que apenas satisfação pessoal. Isso faz com que as sinapses disparem. Desperta formas criativas de pensar. É garantido que você se tornará um líder melhor.

Quais são os três tópicos que o fascinam pessoalmente? Preencha a primeira coluna da tabela de fascínios pessoais.

TABELA DE FASCÍNIOS PESSOAIS

FASCÍNIO PESSOAL	COMO VOCÊ GOSTARIA DE APRENDER?	QUANDO?
1.		
2.		
3.		

3. Conheça seu estilo de aprendizagem

Algumas pessoas absorvem informações facilmente através da palavra escrita. Outras preferem vídeos. Talvez você goste de participar de workshops. Talvez você aprenda melhor em um ambiente individual.

Para o aprendizado geral, prefiro audiolivros e conferências.

Escuto de 25 a trinta audiolivros por ano, e regularmente assisto a conferências selecionadas com vários oradores.

Para um aprendizado sério e aprofundado, prefiro contratar especialistas para sessões individuais consistentes. Não suporto a maioria dos cursos, pois são lentos demais para que eu continue interessado.

A chave aqui é saber o que funciona para você e perder muito pouco tempo (se algum) com outros métodos de aprendizagem. Se os livros não funcionarem para você, ouça um audiolivro ou assista a um vídeo em vez disso.

Ação

Preencha as colunas "como você gostaria de aprender" nas tabelas de aprendizagem estratégica e de fascínios pessoais.

4. Encaixe o aprendizado em sua vida

Eu sei, eu sei. Você não tem tempo para um monte de aprendizado. Quem tem? Como eu disse antes, arranje tempo.

Eu arrumo muito tempo para o aprendizado quando viajo para ver clientes. Quer eu esteja em um aeroporto, em um avião ou em um carro, a menos que eu esteja ao telefone, você pode apostar que estou ouvindo um audiolivro.

Algumas pessoas leem todas as manhãs, ou todas as noites antes de dormir. Algumas têm escapadelas dedicadas ao aprendizado.

Se conferências ou workshops são o seu forte, comece cada ano reservando estes eventos, como você faz com suas férias.

O objetivo é se comprometer. Fazer acontecer.

Como você pode aprender mais sobre a vida? Pense nas vezes em que você pode incorporar o aprendizado (por exemplo, em sua corrida diária, audiolivros e podcasts no carro e no avião, uma hora antes de dormir todas as noites, uma escapada de fim de semana duas vezes por ano).

Ação

Preencha as colunas "quando" nas tabelas de aprendizagem estratégica e de fascínios pessoais.

Dica

Isto vai parecer loucura, mas ouço audiolivros em uma velocidade cinquenta por cento mais rápida usando uma função no iTunes. Recomendo isto se o áudio for o seu forte. É uma grande economia de tempo, e o conteúdo é mais envolvente em uma velocidade mais rápida. Pela mesma razão, um curso de leitura dinâmica é uma consideração que vale a pena.

5. Obtenha um bom ROL (retorno sobre o aprendizado)

Se você consome uma tonelada de informações, mas não as utiliza para dar mais valor ao mundo, eu diria que não é realmente um aprendizado. É mero entretenimento.

Você obtém o ROL mais alto se aplicar o que aprende imediatamente. Faça algo diferente do que você teria feito antes.

Ao consumir novas informações, tome notas sobre o que você planeja fazer com elas. Se você acabar de ler um livro ou deixar um workshop sem uma lista de ações para pôr em prática, qual foi o objetivo? Você poderia muito bem ter ido ao cinema.

Se você é um consumidor voraz e insaciável de conhecimento, mas nunca o aplica, pare de aprender por seis meses. Em vez disso, ponha sua energia mental na implementação do que já está em seu cérebro. Escolha algumas ideias-chave e teste-as.

Ao longo dos anos, meus clientes criaram algumas formas inteligentes de aumentar seu ROL. Veja algumas das minhas favoritas:

- **Leia com uma equipe:** escolha um livro a cada trimestre para sua equipe. Em grupo, discuta o que você aprendeu e como aplicar as melhores informações. Isto torna o processo de aprendizagem colaborativo e prático.

- **Releia:** isto soa estranho, mas é surpreendentemente eficaz. Conheço um CEO que consegue fazer com que sua equipe leia dez livros por ano — dos quais oito são repetições, dois são novos. Os livros são relidos durante cinco anos, e depois retirados de circulação. Repetitivos? Sim, mas considere o quanto de insight está contido em um livro realmente bom. A releitura permite que você incorpore o aprendizado em sua cultura corporativa.

- **Faça as conferências valerem a pena:** sempre que alguém participar de uma conferência, faça com que essa pessoa apresente as descobertas e recomendações mais significativas para a equipe de liderança. Muitas vezes, o insight das conferências não circula, ou fica totalmente esquecido.

- **Contrate o especialista**: passar dias a fio em uma conferência nem sempre é a maneira mais eficiente de aprender. Às vezes, você pode obter as mesmas informações em uma fração do tempo por um custo premium, contratando um especialista para trabalhar com você diretamente. Este pode ser o investimento mais inteligente. Isso funciona particularmente bem se você for o tipo de pessoa que fica entediada em conferências.

Ação

Quais são os três passos que você dará para dobrar seu ROI (retorno sobre o aprendizado)?

1.
2.
3.

Você precisa se empenhar nisto se...

1. As ideias e insights que você tem são, muitas vezes, baseados em experiências de dez, ou mais, anos atrás.
2. Você não tem nenhum aprendizado formal agendado para os próximos 12 meses.
3. Você não leu nenhum livro desde que terminou sua educação formal, a menos que lhe tenha sido exigido.
4. Você não aprendeu nenhum tópico completamente novo nos últimos 12 meses.

5. O aprendizado é uma tática de sobrevivência. Você adquire conhecimento para lidar com situações atuais, não para se preparar estrategicamente para o futuro.

Autoavaliação

Como você se avalia como um eterno aprendiz?

Em uma escala de 0 (baixo) a 10 (alto): __________

9

Receba feedback negativo

"O maior problema com a comunicação é a ilusão de que ela foi alcançada."
GEORGE BERNARD SHAW

Quanto mais você tiver sucesso, mais pessoas AMARÃO suas ideias.

É engraçado.

A realidade é que, na verdade, você não é muito mais inteligente agora que é bem-sucedido. Suas ideias nem sempre são brilhantes. Você é humano e, portanto, propenso a erros.

Como qualquer pessoa, você precisa de opiniões sinceras para mantê-lo no caminho certo.

Ponto-chave
Descubra a verdade sobre o seu desempenho e sobre como você precisa melhorar.

O problema é que a opinião das pessoas a seu respeito será ofuscada por seu sucesso. Mesmo quando elas não concordam com você, podem concordar com suas ideias, assumindo que você saiba algo que elas não sabem.

Ou, pior ainda, as pessoas podem endossar suas ideias para manter um bom relacionamento — sendo a segurança no trabalho e a progressão na carreira as razões mais comuns.

Portanto, preste atenção. Não se deslumbre com toda essa aceitação. Quando você não está presente, as opiniões podem ser muito diferentes. Você precisa criar oportunidades para ouvir o que as pessoas realmente pensam.

Então, seja gentil e humilde, *isso é essencial.* O feedback negativo só o ajudará a ser um líder mais inteligente.

A maioria dos líderes tem uma ou duas pessoas suficientemente corajosas para lhes dizer a verdade nua e crua, de forma direta. Identifique essas pessoas. Procure a opinião delas com frequência.

Você precisa criar um ambiente que ajude todas as pessoas do seu time a expressar suas verdadeiras opiniões. As avaliações 360° são úteis para isso.

A propósito, se agora você está pensando que "tudo isso é encantador, mas não preciso das opiniões de outras pessoas", desejo-lhe boa sorte. Você percorrerá uma estrada mais acidentada com apenas suas próprias ideias para lhe ajudar a seguir adiante.

Resumo simples

Você não pode ser sua versão mais forte sem a verdade brutal.

HISTÓRIA

Marco era um sujeito extremamente impopular, e ele não tinha absolutamente nenhuma ideia disso.

Apenas alguns meses depois de seu mandato como vice-presidente de vendas, visitei sua empresa para discutir o feedback 360° para cada executivo. Quando previ os resultados de Marco, eu sabia que seria um chute no estômago.

Até aquele momento, ele só tinha conhecido o sucesso em sua carreira. Em todos os lugares por onde ia, ele era um superstar, e o sr. Popularidade.

Mas agora ele se encontrava em uma cultura empresarial de estilo familiar, extremamente unida. Embora ele atingisse suas metas com louvor, ele não combinava em nada com a empresa.

Marco casualmente e com frequência recusava convites para jantares e eventos com a equipe executiva, porque considerava o comparecimento opcional.

Ele não entendia que estes encontros eram parte integrante da cultura corporativa. Não eram eventos sociais sem objetivo, e certamente não eram optativos. Tratava-se de criar vínculos pessoais.

No feedback 360° de Marco, várias pessoas disseram que tentaram construir uma relação com ele, mas ele continuou recusando os convites sociais. Elas sentiram que ele estava *optando* por não fazer amizades. Elas ficavam irritadas e ofendidas por suas recusas.

Eu orientei o grupo em meio a uma discussão difícil, e às vezes acalorada, sobre o lugar de Marco na empresa. Seus colegas expressaram a frustração deles.

Marco ficou atônito e, de repente, viu o lado deles. Ele entendeu que esta cultura corporativa era diferente da de seus empregos anteriores. Ele precisava fazer uma escolha entre se ajustar ou sair.

Acontece que Marco realmente queria se encaixar e tomou a decisão de participar dos eventos sociais que faziam parte da cultura. Agora, Marco sai com a equipe executiva como se fossem amigos de infância.

Acredito verdadeiramente que, sem o processo de 360° — e a humildade e disposição de Marco para mudar — sua permanência na empresa teria sido extremamente curta.

Cinco passos para a maestria

1. Encontre os contadores da verdade

Algumas pessoas são naturalmente contadoras da verdade. Eu acho que isso é genético. Os contadores da verdade lhe dizem organicamente as verdades incômodas.

Eles contam informações que você não quer ouvir, e a maioria das pessoas não quer lhe contar. Eles avisam se estiver acontecendo algo incomum e o alertam sobre questões problemáticas. No meu caso, herdei o DNA de contar a verdade da minha mãe e uma longa linhagem de pessoas brutalmente sinceras. Isso nem sempre é bem-visto. Algumas pessoas se sentem desconfortáveis comigo por causa disso, mas eu preciso ser eu mesmo.

Meu DNA que me faz contar a verdade é muito útil para mim enquanto coach. Do meu ponto de vista, se eu tenho uma visão que pode ajudar alguém a ser um líder melhor, ficar em silêncio é um crime. Felizmente, aprendi a segurar a língua na minha vida pessoal.

Identifique as pessoas de sua equipe que tenham o DNA que as faz dizer a verdade. Mantenha-as por perto. Aprofunde a relação com elas. Estimule a sinceridade delas.

E, o mais importante, garanta que você não criará problemas para elas quando forem direto ao ponto. Como um repórter ou espião, você deve respeitar suas fontes e protegê-las.

A maioria das empresas tem um ou dois contadores da verdade no topo, reportando-se ao CEO. Muitas vezes, há mais três ou quatro entre a equipe.

Ação

Faça uma lista de seus atuais contadores da verdade. Observe como você os alistará para lhe dar ainda mais sinceridade. A seguir, crie uma lista de possíveis contadores da verdade e como você os alistará.

ATUAIS CONTADORES DA VERDADE

NOME	COMO OBTER MAIS VERDADE
1.	
2.	
3.	

POTENCIAIS CONTADORES DA VERDADE

NOME	COMO ALISTAR
1.	
2.	
3.	

2. Saiba lidar com a sinceridade

Quando algumas pessoas recebem uma sinceridade brutal, elas enviam um sinal invisível e irritado de que essa opinião não é bem-vinda.

Não seja assim.

Se você agir dessa maneira, pode ser que as pessoas ao seu redor, rápida e sabiamente, decidam ficar em silêncio. Erros financeiros e humanos gigantescos acontecem quando as pessoas não conseguem falar francamente. Você se priva de saber as coisas bobas ou mal conduzidas que está fazendo.

Portanto, embora seja da natureza humana se proteger, você precisa abaixar a guarda.

Ouça o máximo que puder. Tente compreender. Depois, *agradeça*. Sei que isto parece simples neste momento, mas pode ser surpreendentemente difícil.

Se você se deixar levar e responder defensivamente no momento, encontre a pessoa depois, no mesmo dia, e expresse sua gratidão. Diga que você aprecia sua perspicácia, embora possa não ter parecido assim no momento. Peça à pessoa que ela mantenha sua sinceridade

Pode ajudar a comunicar às pessoas como você gosta de receber informações que são difíceis de ouvir. Talvez você prefira uma conversa particular, um telefonema ou um e-mail para se sentir mais à vontade.

EXPERIÊNCIA DE ATITUDE DEFENSIVA DE KEVIN

Abaixar a guarda pode ser uma jornada que perdurará para toda a vida.

Embora eu tenha me esforçado durante anos para aceitar sinceridade brutal com gentileza, às vezes ainda é difícil.

Admito plenamente que tenho uma personalidade agressiva e competitiva, e minha reação instintiva é a de recuar quando alguém me diz algo que eu não quero ouvir. Isso ainda acontece às vezes, mas não com a mesma frequência de antes.

Aprendi que, se eu reservar um pouco de tempo para me acalmar, posso rapidamente pedir desculpas por minha precipitação e expressar uma genuína gratidão pelo feedback.

Os contadores da verdade valem ouro. Vale a pena ser humilde.

Ação

Em uma escala de 0 a 10, com quanta gentileza você aceita a sinceridade brutal?

____

Se você pontuou menos de 10 (o que é o caso de 99 por cento das pessoas), o que você pode fazer para aceitar a verdade de forma mais gentil?

1.
2.
3.

3. Extraia sabedoria através de avaliações de projetos

É mais fácil dar feedback sobre um projeto do que sobre uma pessoa, pelo menos quando essa pessoa está presente.

Então, sua equipe provavelmente será muito mais franca se você solicitar feedback sobre um projeto que liderou, em vez de pedir uma opinião direta sobre seu desempenho.

Se você ouvir com atenção, poderá ter uma visão clara de como você está errando como líder, e o que você está fazendo bem.

As avaliações de projetos são simplesmente uma prática de negócios inteligente. Elas forçam a equipe a aprender com cada projeto que completam. As pessoas ficam mais espertas a cada vez sem sequer tentar. Mantenha seu processo realmente simples e estruturado.

Peça ao grupo para discutir apenas três coisas:

a) o que funcionou bem
b) o que não funcionou bem (onde você ficou travado ou encontrou desafios)
c) o que você aprendeu: três coisas que você vai fazer de forma diferente da próxima vez

Se as pessoas vierem preparadas, toda a discussão deve levar entre 15 e sessenta minutos, dependendo da complexidade do projeto. Lembre-se de que este processo é sobre o *progresso*, não sobre a perfeição. Não importa o quanto você aprenda e melhore, haverá novos insights na próxima vez.

Ação

Em quais três projetos você pode realizar uma avaliação imediatamente? Quem deve participar, e quando será a reunião?

PROJETO	QUEM	QUANDO
1.		
2.		
3.		

4. Se você for fazer avaliações 360°, faça direito

Ah, as avaliações 360°... Algumas pessoas as adoram. Outras as odeiam.

Estou em ambos os lados.

Normalmente, elas são uma completa perda de tempo, em minha opinião. Mas, se feitas corretamente uma vez por ano, elas são um combustível fenomenal para o crescimento.

O problema com uma típica 360° é que você não obtém informações qualitativas e acionáveis. Em vez disso, você recebe um monte de classificações estatísticas que o deixam pensando em como melhorar.

Outro problema é que muitas vezes elas são completamente privadas, e isto leva a uma falta de responsabilidade. É claro que as opiniões geralmente precisam ser anônimas, se você quiser extrair feedback negativo. Mas o destinatário (neste caso, você) deve agradecer publicamente a todos pela participação e comprometer-se a fazer mudanças específicas.

Portanto, tire suas 360° das sombras. Use um questionário sucinto e direto que faça principalmente perguntas qualitativas sobre o que você está fazendo bem e o que você pode melhorar. É possível obter grandes insights questionando apenas seus subordinados diretos e indiretos, ou você pode incluir colegas e superiores também.

Quando você receber o relatório, trabalhe com seu coach (ou outro especialista) para decidir que ações pode tomar com base nas informações. Complete o plano de ação 360° a seguir.

Sem demora, reúna-se com sua equipe, compartilhe o que aprendeu e ao que você se dedicará nos próximos meses. Peça o apoio deles. Diga-lhes para chamar sua atenção quando você não estiver cumprindo com suas intenções.

Veja as perguntas que são OBRIGATÓRIAS para uma 360° eficaz.

1. Liste três coisas que eu posso fazer para continuar a me desenvolver e melhorar.
2. O que devo começar a fazer, ou fazer com mais frequência? Por quê?
3. O que devo parar de fazer, ou fazer com menos frequência? Por quê?
4. O que eu deveria fazer melhor, ou de forma diferente? Por quê?

A equipe 360°

Equipes 360° funcionam *apenas* em equipes executivas bem entrosadas e coesas, que são realmente valorosas. Elas atuam em alto nível. É assim que elas funcionam: coleta-se feedback 360° de forma anônima. Em seguida, reúne-se toda a equipe executiva em uma sala e faz-se a análise do relatório de cada pessoa *juntos*. Sim... juntos. Bem divertido. Cada executivo concorda em tomar ações específicas para melhorar seu desempenho (veja o modelo a seguir).

Esta é uma maneira incrivelmente eficaz de fazer as pessoas serem vorazes e humildes.

Plano de ação 360°

1. Três áreas em que você disse que eu estou indo bem

1.
2.
3.

2. Três coisas em que você disse que eu preciso melhorar

1.
2.
3.

3. Estou tomando medidas imediatas a respeito de ______ porque ______________________________

4. Farei isso dessa maneira ______________________________

5. Veja como você pode me ajudar a melhorar ______________

Ação

1. Se sua última 360° foi há menos de um ano, verifique se você melhorou nas áreas necessárias. Caso contrário, complete o plano de ação 360°, e comece amanhã.
2. Se sua última 360° foi há mais de um ano, programe uma agora.

5. Procure um coach

Uma das razões mais convincentes para ter um coach é ter alguém que sempre lhe dirá a verdade de forma direta.

Um coach acompanha objetivamente seu progresso e o repreenderá se você não estiver cumprindo seus próprios padrões.

Incontáveis vezes algum cliente me disse que meu feedback negativo o colocou no caminho certo para um sucesso maior ou para evitar um desastre. Não é que minha percepção tenha sido brilhante ou exclusiva. É que eu estava disposto a dizer o que todos os outros também viram, mas não queriam verbalizar.

Também pode ser mais fácil ouvir a sinceridade brutal de um coach, porque essa é a própria natureza da relação. A maioria das pessoas acha que é diferente de ouvir de sua equipe, chefe ou cônjuge.

Se você não tem um coach, por que não? Os melhores no esporte, nos negócios e na vida têm pelo menos um.

Ação

1. Se você não tiver um coach, consiga um. Se você precisar de assistência, eu provavelmente posso ajudá-lo a conseguir um bom em sua região.
   Escreva para *kevin@lawrenceandco.com*
2. Se você tiver um coach, dobre o valor dessa relação escolhendo três coisas deste livro que você gostaria de dominar.

1.
2.
3.

Você precisa se empenhar nisto se...

1. Você se pergunta se é eficiente como líder.
2. Você não pode citar quatro pessoas que lhe dão regularmente um feedback desconfortável, mas valioso.
3. Você não procurou opiniões sobre seu desempenho através de um mecanismo formal (como uma avaliação 360°) nos últimos dois anos.
4. Você se pergunta o que sua diretoria (ou a pessoa a quem você se reporta) realmente pensa sobre você.
5. Nos últimos seis meses, você não recebeu feedback desconfortável de sua diretoria (ou da pessoa a quem você se reporta).

Autoavaliação

Como você se avalia em relação a obter opiniões de outras pessoas sobre o seu desempenho?
Em uma escala de 0 (baixo) a 10 (alto): ___________

10

Torne a si mesmo irrelevante

"O crescimento e desenvolvimento das pessoas
é a maior vocação da liderança."
HARVEY S. FIRESTONE, fundador da Firestone
Tire & Rubber Company

Em um nível muito prático, é seu trabalho ajudar as pessoas incríveis que você contratou a se tornarem grandes líderes.

Não os veja como meros subordinados. Veja-os por seu talento e potencial. Deixe-os viver à altura da própria capacidade de oferecer resultados surpreendentes com pouco (ou nenhum) envolvimento seu.

Ponto-chave
Forme uma equipe capaz de entregar melhores resultados que você, sem você.

Para isso, você precisa investir tempo contratando, ensinando, treinando, desafiando e fornecendo feedback. Quando você ajuda as pessoas a crescer, elas ganham a confiança e as habilidades para gerir as ações do dia a dia sem você.

Para você, isto significa liberdade. Você poderá dedicar seu tempo à estratégia geral de sua empresa e ao crescimento a longo prazo.

Claro que tudo isso pode parecer óbvio, mas é notável a frequência com que os líderes ficam presos a funcionários medíocres. Às vezes é porque odeiam contratar, por isso preferem viver com os demônios que já conhecem. Outros deixam a lealdade pessoal anuviar seu julgamento.

Não importa o raciocínio, você será limitado para sempre, a menos que você faça o que for preciso para se cercar de funcionários excelentes que são *verdadeiramente excepcionais* em suas áreas de atuação, e que se encaixam na cultura de sua empresa.

As pessoas pensam que os funcionários excelentes são raros, mas essa não é minha experiência. Você só precisa se dedicar a procurá-los e usar uma metodologia de recrutamento comprovada para conseguir o melhor dos melhores. Então, sua tarefa torna-se continuar a estimulá-los e a investir em seu desenvolvimento.

Acredite que você pode ter uma equipe inteira de funcionários excelentes. Então, não aceite nada menos.

Resumo simples

Para ter qualquer chance de altas conquistas, os líderes devem ter equipes de alto desempenho e de pouca manutenção.

HISTÓRIA

Anne é CEO de uma empresa de alimentos, e uma líder que sabe o que deve ser feito. Ela não hesita em delegar, mesmo em áreas em que tem competências sólidas.

Anne fundou sua empresa com um claro entendimento de que ela precisava se concentrar em seus pontos fortes absolutos: estratégia e recrutamento. Quando ainda estava na fase inicial, ela tomou a ousada decisão de contratar apenas executivos experientes e de alto nível em outras áreas-chave como vendas, marketing e RH.

O problema era que ela não conseguia pagá-los.

Então ela decidiu trabalhar com o que tinha, e encontrou grandes executivos que estavam dispostos a aceitar um contrato de meio-período, porque estavam em um momento de inatividade ou trabalhando como consultores.

Alguns podem considerar esta jogada arriscada, pensando que é mais seguro garantir o talento em tempo integral. Mas o objetivo de Anne era que as pessoas ficassem muito melhor do que ela no desempenho das funções.

O risco compensou. Logo sua pequena empresa reuniu uma equipe executiva de excelência. Os executivos de meio-período permaneceram e, quando a empresa de Anne atingiu a marca de cinquenta milhões de dólares, ela trouxe a maioria deles para trabalhar em tempo integral. Quando ela atingiu a marca de cem milhões de dólares, todos estavam em tempo integral.

Hoje, quando se trata de administrar o negócio, Anne comenta com frequência: "Sei que isto parece loucura, mas não há muito que eu precise fazer". Isso significa que ela pode permanecer focada na estratégia.

Moral da história: seja criativo, trabalhe dentro de suas possibilidades e faça o que for preciso para contratar os melhores.

Quatro passos para a maestria

1. Escolha sua data

Escolha a data exata em que você planeja se tornar completamente irrelevante para o seu negócio.

Este é o dia em que você estará livre para sair das operações do dia a dia, ou vender a empresa por completo. Imagine a si mesmo saindo pela porta.

É crucial escolher uma data específica para que você possa se ver claramente seguindo em frente. Sem ela, você permanecerá amarrado ao negócio. Você não vai se esforçar para construir uma equipe sólida e autossustentável.

Se você realmente sairá da empresa, não é a questão. O objetivo é construir uma empresa tão autossuficiente que facilmente funcionaria bem sem você.

Ação

Marque uma data que seja relativamente próxima, não deve ser superior a cinco anos. Uma data com um prazo maior do que isso não lhe inspirará a tomar medidas significativas.

Minha data de irrelevância

Minha equipe será tão autossuficiente que me tornarei irrelevante em:

____

2. Avalie honestamente o desempenho de cada membro da equipe

Avaliar adequadamente sua equipe é uma das razões mais convincentes para obter aconselhamento externo de um coach ou conselheiro. Ser objetivo é essencial, e isso é mais fácil para alguém externo à empresa.

As empresas com as quais trabalho normalmente dobram a força de suas equipes executivas dentro de 18 a 24 meses de nossa data de início. Isto se deve em grande parte ao fato de o CEO ter uma visão clara e não fictícia da equipe, e de quais melhorias precisam acontecer.

Seu objetivo deve ser que *todos* os seus subordinados diretos sejam funcionários excelentes, assim como noventa por cento do resto de sua empresa. Isto pode parecer extremo, mas você não está lendo este livro para aprender a ser mediano ou medíocre.

SISTEMA DE AVALIAÇÃO DE DESEMPENHO DE KEVIN

Eis um sistema simples de avaliação de desempenho para ajudar a esclarecer onde você se encontra hoje:

		DESEMPENHO	
		BAIXO	ALTO
ADEQUAÇÃO À CULTURA	ALTA	B	A
	BAIXA	C	TÓXICO A

Funcionário excelente (A): adequa-se à cultura e sempre apresenta resultados excepcionais com pouca ou nenhuma gestão. É um prazer absoluto trabalhar com ele, e você gostaria de poder cloná-lo.

Potencial funcionário excelente (potencial A): parece ser um funcionário excelente, mas está no cargo há menos de seis meses. Parece promissor, mas é muito cedo para se ter cem por cento certeza.

Funcionário excelente tóxico (tóxico A): apresenta um excelente desempenho, mas regularmente causa atritos e conflitos, pois não se adéqua à cultura.

Funcionário mediano (B): adequa-se à cultura e apresenta um desempenho irregular.

Funcionário ruim (C): não se adequa à cultura nem entrega resultados.

Ação

Avalie cada um de seus subordinados diretos como **A**, **potencial A**, **t**óxico A, **B** ou **C**. Liste o porquê de cada um deles.

SUBORDINADO DIRETO	AVALIAÇÃO	POR QUE	AÇÃO
1.			
2.			
3.			
4.			
5.			
6.			
7.			

Que porcentagem de seus subordinados diretos são funcionários excelentes?

Dica

Meu site está repleto de extensas ferramentas e exercícios para avaliar sua equipe. Visite www.lawrenceandco.com.

3. Viva segundo o lema: "Você precisa ser excelente para permanecer"

Isto não é impossível nem impiedoso. É apenas senso comum.

Funcionários excelentes são seu maior patrimônio. Estes produzem mais resultados do que dois ou três funcionários medianos, portanto, invista o que for preciso para encontrá-los e mantê-los.

Não caia no hábito de os negligenciar porque eles são muito autossuficientes. É vital ficar atento a como eles estão se saindo o tempo todo, porque os funcionários excelentes têm duas tendências perigosas: tédio e sobrecarga.

Eles ficarão entediados se você não os deixar lidar com desafios cada vez mais difíceis. É por isso que uma pergunta primordial para funcionários excelentes é: "Você é desafiado o suficiente? Ou demais?"

Dito isto, a maioria dos funcionários excelentes não reclamarão quando tiverem excedido seu limite. Se você os pressionar ao ponto de sobrecarregá-los, eles podem querer procurar outras oportunidades.

A chave é encontrar um equilíbrio delicado. Mantenha-os desafiados. Certifique-se de que isso seja sustentável.

Ação

Que ação você pode fazer para cada um de seus funcionários excelentes para garantir que cada um seja desafiado o suficiente, mas não demais? Preencha a tabela do funcionário excelente.

TABELA DO FUNCIONÁRIO EXCELENTE

FUNCIONÁRIO EXCELENTE	AÇÃO
1.	
2.	
3.	
4.	
5.	

4. Ajude seus funcionários medianos a se tornarem funcionários excelentes

Enquanto a maioria de seus esforços devem ser gastos contratando e preparando funcionários excelentes, seus funcionários medianos merecem a chance de alcançar a excelência. Eles adequam-se à cultura, e esse é um ponto de partida significativo.

Muitas vezes, os funcionários medianos precisam apenas de desenvolvimento, aumento da confiança, ou um ajuste em seu cargo para que estejam mais em seu ponto ideal. Você pode torná-los funcionários excelentes através de coaching, mentoria e/ou treinamento.

Comece com avaliações para cada funcionário mediano com a finalidade de identificar seus pontos ideais (recomendo *DISC* e *StrengthsFinder*). Assumindo que os pontos ideais casam com suas necessidades, veja se você pode adaptar os cargos de acordo. O que quer que você faça, não os defina como medíocres, forçando-os a tarefas que não lhes dariam prazer. Ninguém se beneficiará com isso.

A chave para transformar seus medianos em excelentes é ajudá-los a ver os próprios dons, e aceitar as fraquezas. Só porque alguém quer estar em uma função gerencial, não significa que deva estar. Se os verdadeiros dons deles forem como técnico ou colaborador individual, essa é a única maneira de ser um funcionário excelente.

É seu trabalho identificar como as pessoas podem se desenvolver e orientá-las a serem o seu melhor.

Ação

Para cada um de seus funcionários medianos, identifique uma ação que possa ajudá-los a evoluir para um funcionário excelente.

TABELA DO FUNCIONÁRIO MEDIANO

FUNCIONÁRIO MEDIANO	AÇÃO
1.	
2.	
3.	
4.	
5.	

5. Pare de inventar desculpas para seus funcionários excelentes tóxicos. E pare de esperar que eles se demitam

Os funcionários excelentes tóxicos são resultado de práticas de recrutamento ruins. Eles entram disfarçados de funcionários excelentes, impressionando a todos com sua conversa fiada e grandes resultados.

Eles têm o poder de fazer com que um ambiente de trabalho normal pareça uma zona de guerra. Eles fazem os funcionários excelentes perderem a fé em você, e tentar a sorte em outro lugar.

Os funcionários excelentes tóxicos são o câncer de sua cultura. Eles são um problema a ser tratado com a devida seriedade.

Claro, eles trazem toneladas de receita ou grandes resultados. Sim, eles podem ser considerados para realizar proezas notáveis a qualquer hora do dia, em qualquer dia do ano. São pessoas heroicas, mas terríveis. Certo, isso não é completamente verdade.

Eles *não* são pessoas terríveis. São apenas inadequados à cultura de sua empresa, e isso já é ruim o suficiente. A inadequação deles mancha a reputação de sua empresa de maneiras que você desconhece.

Eles precisam dar o fora.

Quando você perceber que tem um funcionário excelente tóxico em sua organização, precisa criar um plano para a saída dele (de preferência, o quanto antes).

Prepare-se. Dê-lhes um aviso justo e uma última chance se você sentir que não foi suficientemente claro sobre suas expectativas culturais. Este pode ser o caso, pois às vezes é difícil se comunicar com os funcionários excelentes tóxicos.

Siga à risca a lei trabalhista e os procedimentos de RH, mas dispense esses funcionários tóxicos, não importa o quanto você esteja encantado com seus talentos.

Ação

Identifique a ação para cada um de seus funcionários excelentes tóxicos. Esta é a última advertência ou data em que você os demitirá.

TABELA DO FUNCIONÁRIO EXCELENTE TÓXICO

FUNCIONÁRIO EXCELENTE TÓXICO	AÇÃO
1.	
2.	
3.	
4.	
5.	

6. Livre-se de seus funcionários ruins

As pessoas muitas vezes ficam confusas ao dedicar muita energia a funcionários ruins, tentando diligentemente ajudá-los a melhorar.

É o que se chama dar pérolas aos porcos.

Não pegue leve com funcionários ruins.

Mesmo que de alguma forma eles consigam melhorar seu desempenho, você nunca os forçará a se ajustar à cultura da empresa.

Mas, é óbvio, seja justo com eles. Certifique-se de ter comunicado claramente a cultura da empresa, e as expectativas para sua função. Se eles ainda não atingirem as expectativas, dispense-os para que possam ir a um lugar onde eles serão naturalmente funcionários excelentes.

Ação

Para cada um de seus funcionários ruins, liste as medidas que você pode tomar. Ou reserve um momento para reiterar a cultura da empresa, o cargo deles e o que será necessário para que se adequem — ou, se você já fez isso, faça o que é necessário: dispense-os. Defina uma data para a demissão deles.

TABELA DO FUNCIONÁRIO RUIM

FUNCIONÁRIO RUIM	AÇÃO
1.	
2.	

3.	
4.	
5.	

7. Demita com compaixão

Se você for demitir alguém, é por conta de *seu próprio erro de julgamento*. Lembre-se disto. Não é culpa da pessoa que ela não se encaixa em sua cultura, ou não é adequada ao trabalho para o qual você a contratou. Se você tivesse contratado bem, teria ciência disso. De alguma forma, você escolheu a pessoa errada (ou deixou outra pessoa escolhê-la). Assuma essa responsabilidade e aja de acordo.

Trate a pessoa que você está demitindo com respeito e compaixão, não apenas pelo bem daquele indivíduo, mas por toda a sua equipe. Sua equipe julgará você e a empresa com base na forma como você lida com situações desagradáveis. Momentos como este são um teste ao seu caráter.

Certifique-se de ter em mente os valores centrais de sua empresa e sua reputação, antes de agir.

Você ficaria bem se suas palavras e ações fossem manchetes nas notícias locais? Se sim, você está demitindo as pessoas da maneira correta.

É claro que se alguém está sendo demitido por se comportar de maneira criminosa, antiética ou de outra forma dramaticamente inapropriada, é necessário agir rapidamente e com firmeza. Mas ainda não há motivo para não ser civilizado, na maioria dos casos.

DICAS DO KEVIN PARA DEMITIR COM COMPAIXÃO

Não há um método perfeito ou indolor para demitir alguém, mas algumas maneiras são melhores do que outras.

1. **Trate as pessoas de forma justa.** Dê advertências prévias para comunicar claramente que expectativas elas não estão atendendo, e o que é preciso mudar. Registre tudo e avalie o que outros registraram. Certifique-se de que tudo seja transparente.

2. **Ajude as pessoas a seguir em frente com dignidade.** Ajude-as a encontrar um emprego no qual elas tenham mais chance de ser um funcionário excelente. Ou pelo menos aponte a direção certa. Desta forma, você os ajuda a evoluir, não apenas a seguir em frente.

3. **Deixe-os liderar a história.** Você não precisa destruir a reputação de alguém simplesmente porque eles não se encaixam na sua empresa. Deixe que eles elaborem a história de sua saída. Dê-lhes a opção de dizer "dispensado" ou "aposentado" em vez de "demitido" quando possível.

4. **Trate com generosidade os funcionários de longa data.** Sim, existem leis sobre pagamentos mínimos, mas pague mais quando parecer o certo. Considere recompensar a longevidade e a glória passada com mais do que é legalmente exigido.

Faça isso de forma rápida para o bem deles e para o seu. A espera só vai drenar sua energia e impedi-lo de seguir em frente. É provável que o indivíduo em questão saiba que algo está errado, e precise de um catalisador para a mudança. Basta fazer isso.

8. Seja implacável ao contratar

A maioria das contratações é *muito* casual, o que equivale a um leve bate-papo e a um voto de confiança extrema. Você provavelmente não se casaria depois de um comentário agradável sobre o cappuccino. Também não deveria contratar pessoas desta maneira.

Muitas decisões de contratação são tomadas com base em primeiras impressões, mas isto tem pouca correlação com a habilidade e o talento reais.

Se o processo de contratação for profundo, metódico e pouco sentimental, suas chances de encontrar funcionários excelentes disparam. Sabe quando você conhece alguém profundamente depois de terem feito uma longa viagem juntos? Sim, é nessa profundidade que você deve conhecer seus candidatos.

Parece impossível? De forma alguma. Este é o nível de familiaridade que você obtém com uma metodologia de contratação superdesenvolvida e impiedosa, a qual você vai encontrar no livro de Brad Smart, *Topgrading*, — certifique-se de obter a terceira edição.

Não deixe que sua equipe de RH resista a isso. Eles podem dispensar a ideia de usar uma nova metodologia no primeiro momento porque ela é desconhecida. Mas a prova está aí.

Meu conselho: antes de redigir a carta de admissão, coloque seus candidatos para trabalhar.

Se alguém diz ser um especialista em resolução de conflitos, design de pontes, redação de blogs ou programação, deixe-os provar isso para você.

Essa simples e óbvia etapa na contratação é muitas vezes esquecida. Ver as pessoas em ação é uma maneira segura de separar os que falam dos que fazem.

Portanto, sim, a contratação de funcionários excelentes demora e exige muita análise. Mas é muito menos doloroso do que contratar pessoas medíocres e limpar a bagunça depois.

QUATRO FUNDAMENTOS PARA A CONTRATAÇÃO IMPLACÁVEL

1. Use uma metodologia comprovada como *Topgrading*, que é um sistema rigoroso de entrevistas. Ele fornece um conjunto de perguntas simples, e uma descrição estatística detalhada do trabalho, para que seja mais fácil ver quem é — ou não é — um funcionário excelente.

2. Use um sistema de perfis de personalidade (como *DISC*) para entender os pontos fortes e estilos de trabalho naturais de seus candidatos.
3. Conduza avaliações no ambiente de trabalho antes de contratar. Peça a seus candidatos que lhe mostrem o trabalho que eles podem fazer.
4. Fale com os gestores anteriores se possível — pelo menos com executivos de 15 a vinte anos de experiência. Você pode dizer rapidamente pelo tom da conversa se a pessoa era um funcionário excelente, mediano ou ruim na organização.

Ação

Que três mudanças você pode fazer no processo de contratação para aumentar suas chances de trabalhar com funcionários excelentes e dispensar os profissionais tóxicos e os ruins?

1.
2.
3.

Você precisa se empenhar nisto se...

1. Sua equipe não está cheia de funcionários excelentes.
2. Você se prende a um ou mais funcionários excelentes tóxicos porque acha que os resultados deles valem o estrago.
3. Todas as pessoas de sua equipe são funcionários ruins.
4. Seu processo seletivo consiste em uma série de entrevistas de sessenta a noventa minutos com perguntas inteligentes ou interessantes.
5. Você contrata pessoas sem testar seus talentos.

Autoavaliação

Quando recruta e contrata funcionários excelentes, quão irrelevante você se torna?
Em uma escala de 0 (baixo) a 10 (alto): __________

11

Quadruplique seu QI

"Cerque-se somente de pessoas que vão te elevar mais alto."
OPRAH WINFREY

No esporte dos negócios, você é um atleta de elite.

Como Lionel Messi, Mario Andretti, Serena Williams e LeBron James, você precisa de uma equipe dedicada, de pessoas que o aconselhem e apoiem de diversas maneiras.

Nenhum superstar atua sozinho.

Não seja pego no ciclo improdutivo de tentar resolver cada desafio por conta própria. Na infância, você provavelmente estava condicionado a acreditar que se pedisse ajuda, estaria tentando se livrar de uma tarefa ou até mesmo trapaceando.

Mas, como líder, você precisa ser a criança que pede a ajuda do aluno mais inteligente de cada classe. Você deve aproveitar o conhecimento e o poder cerebral dos outros. Isso aumenta seu suprimento de oxigênio e facilita tudo na vida.

Napoleon Hill conta a história de Henry Ford, que tinha uma equipe de especialistas que ele chamou de *Master Mind*. Cada especialista estava disponível ao toque de um botão em seu intercomunicador. Henry Ford entendeu que não era seu trabalho ter todas as respostas. Era seu trabalho conhecer todas as pessoas que tinham todas as respostas.

É uma completa perda de tempo e energia resolver cada problema por conta própria. Alguma pessoa inteligente em algum lugar já pensou e experimentou muito para resolver exatamente o problema que você está enfrentando.

Encontre essa pessoa. Obtenha sua visão. Traga-a para sua equipe de especialistas.

E, a propósito, você *precisa* ter uma equipe de especialistas na palma de suas mãos, assim como Henry Ford. Essas pessoas são massa cinzenta por encomenda. Gênios a sua disposição.

Ponto-chave
Tenha uma equipe de 24 incríveis especialistas a uma mensagem de texto de distância, literalmente.

Sua equipe deve incluir um advogado, contador, coach de negócios, psicólogo e personal trainer, para citar alguns.

Não posso enfatizar isto o suficiente: não escolha nenhum especialista conveniente (como o advogado que trabalha ao lado, ou o contador a quem você sempre recorre no dia a dia).

Escolha pessoas que sejam genuinamente fenomenais. Escolha pessoas que você respeita genuinamente (e, espero, que aprecia).

Encontre as melhores pessoas que você pode pagar e registre o número delas em seu telefone para que possa enviar mensagens no instante em que uma necessidade surgir.

Mesmo que você não use esses especialistas o tempo todo, você *precisa* tê-los em mãos.

Como diz Jim Collins, especialista em negócios e autor, quando é hora de lidar com um problema, sua primeira pergunta deve ser "quem" e não "o quê".

Resumo simples

Tenha várias mentes geniais à sua disposição, mesmo que você só precise delas de vez em quando.

HISTÓRIA

Apesar de ter se esforçado muito, Amit não conseguiu alinhar sua equipe a respeito da decisão estratégica mais fundamental da empresa.

Eles precisavam determinar se posicionariam seu produto como uma marca premium de alta qualidade, ou permaneceriam como uma commodity. Mesmo facilitando seus próprios campos estratégicos e sessões de brainstorming, eles acabavam exaustos, frustrados e com menos tempo. Eles andaram em círculos e nunca chegaram a nenhuma conclusão.

A situação era muito estressante para Amit. Ele sabia o que precisava fazer, o que era certo para seu negócio, mas não conseguia fazer com que a equipe aderisse à ideia.

Quando Amit me procurou para lhe aconselhar, eu o ajudei a localizar um consultor que especificamente ajuda as empresas a descobrir se elas têm os produtos necessários para ser uma marca premium.

O especialista guiou a equipe através de um processo estratégico. Juntos, eles decidiram que, dadas as circunstâncias de mercado, uma estratégia de marca premium seria o caminho mais inteligente a ser percorrido.

Não que o consultor tivesse todas as respostas, mas ele tinha um processo comprovado e experiência trabalhando com equipes como a de Amit. Isso fez toda a diferença.

Já se passaram cinco anos. A empresa relançou com sucesso sua marca e está cobrando preços mais altos. Ela tem crescido em um mercado de commodities cada vez mais competitivo.

Amit agora utiliza especialistas independentes de forma muito mais liberal e estratégica. Ele percebe que as pessoas inteligentes dentro de sua empresa nem sempre são as melhores para todos os desafios — e que às vezes um especialista que você ainda nem conheceu é o caminho mais rápido para uma boa decisão.

Cinco passos para a maestria

1. Encontre as lacunas em sua equipe ampliada

Há um amplo e grande mundo de gênios por aí, portanto, não se limite a sua lista atual.

Frequentemente, os líderes confiam muito em um pequeno conjunto de consultores, e só procuram novos talentos quando surge uma necessidade específica (geralmente urgente). Os olhos recaem nas pessoas que eles conhecem porque parece ser o caminho mais fácil. Infelizmente, é também o caminho da mediocridade.

Desenvolva uma rede mais abrangente. Dê uma olhada agora mesmo no tipo de sabedoria que você poderia usar em sua equipe.

A combinação de especialistas que você precisa depende de seus próprios talentos, de sua indústria e das circunstâncias específicas de seu negócio.

Ação

Comece listando seus conselheiros atuais na coluna um da tabela de pontuação de especialistas. Observe as áreas em que você não tem especialistas. Estes são itens para sua lista de afazeres.

TABELA DE PONTUAÇÃO DE ESPECIALISTAS

ESPECIALIDADE	ESPECIALISTA ATUAL	ADEQUAÇÃO (0 A 10)	14x (0 A 10)
ESPECIALISTAS DO TRABALHO			
COACH			
CONTADOR			
ADVOGADO			
CONSULTOR DE RH			
MENTOR			
BANQUEIRO			

ESPECIALIDADE	ESPECIALISTA ATUAL	ADEQUAÇÃO (0 A 10)	14x (0 A 10)
ESPECIALISTAS DO TRABALHO			
PSICÓLOGO/ CONSELHEIRO			
AMIGO DE CONFIANÇA			
AGENTE DE VIAGEM			
DESIGNER DE INTERIORES			
ORGANIZADOR DE FESTAS			
ESPECIALISTA EM TECNOLOGIA/ SOFTWARE			

ESPECIALISTAS EM AUTOCUIDADO			
COACH			
MÉDICO			
PERSONAL TRAINER			
PSICÓLOGO			
FISIOTERAPEUTA			
OUTROS ESPECIALISTAS			
GRANDES OUVINTES			
SOLUCIONADORES DE PROBLEMAS CRIATIVOS			

2. Acredite que a adequação importa

Seus conselheiros podem ser o equivalente a cientistas em suas áreas, mas se você não conseguir se relacionar com eles, eles não lhe serão úteis.

A perícia não é suficiente. Você precisa respeitar e gostar de seus conselheiros. De todos eles. Certifique-se de escolher pessoas que você não hesitará em chamar quando surgirem problemas.

Quando um CEO telefona para perguntar sobre como trabalhar comigo, eu explico que se não pudermos rir como irmãos, além de nos respeitarmos profundamente, eu não serei uma boa escolha. Isso é o que adequação significa para mim, mas é claro que nem todos pensam como eu.

Você precisa saber seus critérios. Como uma pessoa precisa ser para que a convivência seja fácil? O que faz você gostar da companhia de alguém? Seus valores pessoais e corporativos fundamentais guiarão isto. Se um conselheiro não corresponde aos seus valores, siga em frente rapidamente.

Ação

Preencha a coluna "adequação" da tabela de pontuação de especialistas, classificando seus especialistas em uma escala de 0 (muito constrangedor) a 10 (fácil de trabalhar, e coisas brilhantes surgem das conversas).

3. Use 14x (também conhecido como "não seja cobaia de ninguém")

Conselhos baratos saem inacreditavelmente caros.

Algumas pessoas adoram ajudar, mesmo quando não têm ideia do que estão fazendo. Não deixe ninguém fazer experiências com seus negócios. Obtenha os melhores conselhos que você puder pagar.

Certifique-se de que seus conselheiros sejam especialistas legítimos, verdadeiros gênios em suas áreas de atuação. Pague pelos benefícios que isso lhe trará.

Eu chamo essas pessoas de 14x. Elas já lidaram com o problema exato que você está enfrentando pelo menos 14 vezes antes, e viveram para contar as histórias (boas e ruins). Isto é o que faz com que elas sejam gênios.

Portanto, se você estiver tendo uma disputa com um ex-funcionário, não procure o conselho de um advogado corporativo geral pagando 150 dólares por hora. Encontre o especialista em direito trabalhista que lida com estas situações todos os dias. Mesmo a oitocentos dólares por hora (desde que seu modelo empresarial possa sustentar isso), o especialista é geralmente a decisão mais sábia e menos dispendiosa.

Quando se trata de certas áreas particularmente inovadoras de especialização (como tecnologia ou marketing), um 14x pode não ter feito *exatamente* a mesma coisa 14 vezes. Mas ele terá 14 experiências de inovação relevantes para a sua situação.

Ação

Preencha a coluna 14x na tabela de pontuação de especialistas para classificar o nível de genialidade de seus conselheiros atuais em uma escala de 0 (novato) a 10 (14x brilhante).

4. Fortaleça sua equipe: agregue e atualize

A esta altura, sua tabela de pontuação de especialistas revela uma história sobre seu negócio.

Pode ser que você veja buracos gritantes em sua lista de gênios. Você pode descobrir que tem vários conselheiros que não são realmente adequados para você, ou que não podem ser definidos de forma justa como gênios.

Observe atentamente o que está acontecendo. É a criação do seu plano de ação de gênios.

A menos que você já tenha um 14x no qual você confia e adora em todas as áreas, você tem trabalho a fazer.

Ação

Em que áreas de especialização você mais precisa *acrescentar* um gênio? Circule os dois ou três primeiros colocados na tabela de pontuação de especialistas.

Que especialistas você mais precisa *atualizar* porque eles não se adéquam, ou não são um 14x, e essa área de especialização é atualmente importante para você? Circule dois ou três destes na sua tabela de pontuação de especialistas.

5. Considere um conselho consultivo

Os conselhos consultivos são uma excelente maneira para os CEOs reunirem informações para grandes decisões estratégicas. Eles são úteis para qualquer líder, mas especialmente para empresas privadas que não possuem um conselho corporativo.

O ideal é que um conselho consultivo se reúna três ou quatro vezes por ano. Como todos os outros conselheiros, eles precisam se adequar bem a você. Certifique-se de incluir pelo menos um CEO que já tenha estado onde você planeja estar em dez anos.

Esta pessoa será como um guia local, ajudando você a navegar pelo terreno.

É típico que as pessoas iniciem seus conselhos consultivos com um elenco óbvio de atores (seu atual advogado, atual contador etc.). Mas é preciso avançar rapidamente para incluir pessoas que estão muito mais à frente do que você no mundo dos negócios.

Ações

1. Escolha uma data estipulando quando você planeja ter sua primeira (ou próxima) reunião do conselho consultivo:

____

2. Decida quem participará da primeira (ou próxima) reunião.

1
2
3
4
5

3. Escolha três pessoas que você aspira ter em seu conselho consultivo no futuro.

1
2
3

Você precisa se empenhar nisto se...

1. O peso total de cada decisão repousa unicamente sobre seus ombros.
2. Você tem dúvidas sobre decisões estratégicas importantes e futuras.
3. Quando você avalia as listas de conselheiros pessoais, de trabalho e da vida, fica claro que você tem importantes elos perdidos.
4. Quando você fica preso a uma decisão, muitas vezes, não sabe para quem ligar. Ou sequer lhe ocorre entrar em contato com alguém.
5. Você não gosta, não confia, ou hesita em chamar seus conselheiros atuais.

Autoavaliação

O quanto você costuma acionar gênios?

Em uma escala de 0 (baixo) a 10 (alto): ____________

12

Pare de ser o principal solucionador de problemas

"Dê a um homem um peixe, e ele comerá por um dia. Ensine um homem a pescar, e ele comerá pela vida inteira."
PROVÉRBIO CHINÊS

Liderar não é participar do Show do Milhão.

Sim, pode ser que seu ego adore responder perguntas e resolver problemas, mas você está prestando um desserviço a si mesmo e a sua equipe se é assim que você passa seus dias.

Sei que, no calor do momento, é mais rápido e fácil responder uma pergunta e seguir em frente. É difícil ver alguém enfrentando uma dificuldade. Mas se você dedicar tempo para orientar as pessoas a lidar com os próprios problemas, você terá muito mais liberdade em longo prazo, e uma equipe muito mais astuta.

Seu trabalho é articular claramente seus objetivos e expectativas. Além disso, deixe as pessoas pensarem por si mesmas. Quando surgirem problemas, oriente-as a responder suas próprias perguntas e a tomar as próprias decisões.

Então você terá espaço para respirar, tempo e energia para fazer as coisas que importam: concentrar-se na estratégia e viver sua vida.

Você não pode criar grandeza se for constantemente sugado para o processo de pensamento de todos os outros.

Ponto-chave
Exija que sua equipe tome noventa por cento das decisões por conta própria.

Isto aumenta a confiança de sua equipe. Expande as habilidades deles. Obriga-os a serem líderes mais fortes.

E você sabe o que mais? Na maioria das vezes, eles sabem a resposta para a pergunta de qualquer maneira. Eles sabem a decisão que querem tomar e só lhe perguntam por insegurança. Eles receiam estragar tudo ou desapontar você. Ou, às vezes, são apenas preguiçosos.

A chave é desenvolver logo de cara um padrão de comunicação que exija que as pessoas pensem sobre os próprios problemas e apresentem soluções possíveis.

Então sugiro que você faça uma coisa curiosa: responda às perguntas delas com *outras perguntas*. Não com a intenção de ser esquivo, mas para ajudá-las a desenvolver o pensamento estratégico a fim de se tornarem líderes e tomadores de decisão fortes e independentes.

Você também pode obter uma visão incrível sobre como pensam os membros de sua equipe. Você terá uma visão clara de como eles realmente são capazes. Além disso, saberá em quem confiar com decisões maiores e mais complexas.

Com o tempo, se certas pessoas continuarem a tomar decisões questionáveis ou a seguir más recomendações, você saberá que tem um problema de competência em suas mãos. Isto não é mais uma questão de empoderamento. Ou eles estão desqualificados para o cargo, ou para o negócio.

Resumo simples

Faça as pessoas pensarem por si mesmas e elas ficarão melhores nisso.

HISTÓRIA

Anthony se via como um super-herói e não escondia isso de ninguém. Acho que as abotoaduras do Batman o entregavam.

Ele sempre aparecia nos 45 do segundo tempo para salvar do desespero e do fracasso as equipes que estavam passando por dificuldades. Ele ressuscitou projetos extintos e transformou clientes insatisfeitos em entusiastas. Anthony *adorava* salvar o dia.

Ele também acreditava que se queria algo bem-feito, ele mesmo tinha que fazê-lo. Assim, com seu incrível impulso e ambição, ele assumia projetos quase impossíveis, trabalhava horas a fio e voltava para casa exausto e frustrado.

Como executivo, Anthony precisava fazer a dramática mudança: de super-herói para *líder* de super-heróis. Ele precisava colocar sua energia no desenvolvimento de suas capacidades de liderança, e na construção de uma equipe capaz de fazer o trabalho.

Essa mudança foi notavelmente difícil para seu ego.

Isto significava deixar outras pessoas ficarem com a glória. Isso exigia que Anthony se concentrasse em sua equipe — para ajudá-la a crescer e a brilhar. Isso significava contratar pessoas verdadeiramente capazes de serem surpreendentes, com a intenção sincera de que pudessem até mesmo superá-lo.

Levou alguns anos para que a transformação de Anthony estivesse completa, mas ela aconteceu. Ele formou uma equipe de alto nível com funcionários excelentes, que são super-heróis em sua capacidade de conduzir projetos e entregar resultados. Ele permitiu que sua equipe tivesse seus próprios momentos ao sol, sem dar crédito a si mesmo — e se dedicou à mentoria e educação.

Agora que sua equipe é consistente como uma rocha, Anthony é encarregado de dois dos mais importantes projetos estratégicos de sua empresa. Ele aprendeu que deixar de ser um super-herói cotidiano abriu um mundo totalmente novo de possibilidades.

Quatro passos para a maestria

1. Explique o método para sua loucura

Se as pessoas não souberem por que você não responde mais perguntas e não resolve os problemas delas, elas ficarão extremamente irritadas com você.

Diga-lhes com antecedência. Explique que a tomada de decisões e a resolução de problemas repousa principalmente sobre seus ombros. Noventa por cento é o que eles devem fazer, com dez por cento da sua contribuição e aprovação.

Reconheça que pode ser frustrante e mais demorado no primeiro momento, mas isso aumentará a capacidade deles como líderes.

Nota: você não está totalmente livre de responsabilidades. Este método sairá pela culatra se você não tiver sua própria perspectiva e responder às perguntas apropriadas. Você precisará ter uma opinião, dar conselhos e fazer sugestões.

Ação

Quem atualmente toma as decisões em sua equipe?

Decisões tomadas por mim:

___________%

Decisões tomadas por minha equipe (em conjunto ou individualmente):

___________ %

2. Acredite no brilhantismo de seus funcionários

Confie que eles sabem as respostas e podem tomar excelentes decisões.

Os líderes têm a má reputação de serem malucos por controle, mas é difícil deixar os funcionários livres quando se acredita que as coisas podem dar errado sem a sua orientação. Em última análise, tudo se resume a confiar nos funcionários excelentes que você contratou com tanto cuidado, e dar-lhes mais responsabilidade.

Mesmo que você ainda não tenha uma equipe de funcionários excelentes, tente confiar nas pessoas de qualquer maneira. Você ficará surpreso com a frequência que as pessoas se impõem quando necessário.

Quando você acredita que as pessoas podem descobrir as respostas por conta própria, muitas vezes elas farão isso. No mínimo, começarão a fortalecer sua capacidade de pensamento estratégico.

Ação

a) Quem você pode desafiar para pensar mais por conta própria?
b) Sobre o que você pode lhes pedir que façam recomendações e/ou tomem decisões?

QUEM	O QUÊ
1.	
2.	
3.	

3. Ajude as pessoas a superar o "eu não sei"

As pessoas muitas vezes procuram ajuda porque estão presas em um ciclo mental, não porque são incapazes de resolver o problema.

Nessas situações, elas, na verdade, sabem o que fazer (ou têm algumas ideias decentes), mas o cérebro está preso em um modo improdutivo. Essencialmente, elas desligaram seu processo de pensamento.

Seu trabalho é ajudá-las a se destravar. Eu tenho uma técnica que chamo de "superar o 'eu não sei'".

Seria algo parecido com uma conversa dessa natureza:

Membro da equipe: "Eu não sei o que fazer a respeito disso. O que devo fazer?"

Você: "Digamos que você precisasse tomar uma decisão sobre isso sozinho até o final do dia de hoje. Qual seria a sua decisão?"

Membro da equipe: "Eu não sei."

Você: "Se você parar para analisar por um momento, o que seu instinto lhe diz?"

Membro da equipe: "Eu não posso dizer. Realmente, *não tenho certeza.*"

Você: "Vá em frente, está tudo bem. Se você tivesse que tomar uma decisão agora mesmo, qual seria?"

Membro da equipe: Finalmente responde com uma resposta perspicaz.

É algo bem louco. Quando você dá uma chance às pessoas, muitas vezes a resposta certa (ou uma tentativa decente) simplesmente surge. Mas como elas estão convencidas de que não sabem, você provavelmente terá que perguntar de três a seis vezes para romper o bloqueio mental.

Pode ser que você ainda precise oferecer algum insight ou uma perspectiva mais abrangente. Mas, mesmo assim, essa pessoa seguirá mais confiante em suas habilidades.

Ação

Que membros da equipe fazem muitas perguntas para as quais provavelmente já sabem as respostas?

1.
2.
3.

4. Exigir que as pessoas apresentem soluções

Uma das minhas ferramentas de gestão favoritas vem do ex-capitão da Marinha dos EUA David Marquet. Ele transformou o USS Santa Fe do submarino nuclear de pior desempenho em toda a frota no melhor.

Ele nunca permitia que os oficiais jogassem problemas no seu colo. Ele teve que pensar no desafio, considerar cenários possíveis, encontrar uma solução e apresentar suas recomendações.

Quando estavam prontos para a aprovação dele, eles articulavam seu curso de ação escolhido com as palavras: "Eu pretendo..."

Seu trabalho era simplesmente dizer: "Excelente, prossiga". Ou, se ele tivesse alguma dúvida, "Você já considerou x, y ou z?"

Eis que toda a sua tripulação se transformou em uma equipe de líderes autossuficientes e ponderadores.

Imagine como sua vida seria simples se sua equipe inteira trabalhasse desta maneira. Para mim, este é o paraíso da liderança. Bem, pode ser que você prefira que sua equipe lhe forneça mais detalhes. Você pode exigir que as pessoas apresentem três soluções possíveis, e sua escolha recomendada.

Mas seja qual for a sua versão, comece a fazer isso hoje mesmo.

Ação

Que membros da equipe devem começar a lhe trazer soluções e recomendações?

1.
2.
3.

Você precisa se empenhar nisto se...

1. Você é bombardeado todos os dias com pessoas pedindo sua opinião.

2. As pessoas lhe fazem os mesmos tipos de perguntas repetidas vezes.
3. Você está envolvido em muitas decisões de pequeno e médio porte porque sua equipe não faz nada sem você.
4. Você tem uma longa lista de questões não resolvidas e debates abertos.
5. Regularmente você fica preso lidando com os problemas de outras pessoas.

Autoavaliação

Quão hábil você é quando se trata de ajudar as pessoas a se tornarem líderes independentes?

Em uma escala de 0 (baixo) a 10 (alto): __________

13

Ensine as pessoas a atenderem às suas normas

"Não tenha medo da perfeição. Você nunca a alcançará."
SALVADOR DALI

Você precisa obter o que deseja, seu negócio depende disso.

Você não estaria onde está hoje sem uma intuição aguçada sobre o que torna os clientes felizes. Esse sentido instintivo é absolutamente crucial para quem você é como líder. Você usou este sentido para estabelecer os padrões que fazem sua empresa ser bem-sucedida.

Nunca abra mão destas normas. Para ninguém. Jamais. A grandeza requer padrões de exigência, e seus clientes lhe preferem por isso — mesmo que outras pessoas o achem chato às vezes.

Como líder, você precisa se sentir à vontade para dizer exatamente o que está em sua mente, mesmo quando é o que ninguém quer ouvir.

Você não pode vencer se aceitar a mediocridade. Portanto, você precisa ser uma voz ousada e clara articulando o que é a excelência. Isto pode (e deve) ser feito de forma gentil e respeitosa.

Deixe claro suas expectativas para os funcionários, consultores, fornecedores e outros colaboradores. Quando o desempenho de alguém for insatisfatório, diga isso à pessoa imediatamente. Não deixe isso acumular até você irromper em frustração.

Ponto-chave
Diga às pessoas o que você realmente espera delas e faça-as seguirem suas orientações sem desculpas.

Há uma chocante falta de conversas sinceras no mundo dos negócios. É como uma epidemia. Líderes reprimem muitas de suas opiniões. As equipes ficam em dúvida, se perguntando sobre seu desempenho.

Os funcionários preferem um feedback real. Eles querem fazer o melhor trabalho possível, mas precisam saber qual o padrão ideal esperado deles.

E, por favor, não se incomode suavizando feedbacks negativos com elogios forçados, antes e depois. As pessoas percebem isso de longe, e a maioria prefere a simples verdade.

Resumo simples

Os bons funcionários encontrarão uma maneira de atender a seus padrões exigentes.

HISTÓRIA

Alan dirige uma grande organização com milhares de funcionários.

Durante anos, ele foi dependente de sua caixa de entrada, na qual havia um fluxo interminável de e-mails enviados por sua equipe. O problema era que Alan detestava e-mails. Mas ele sentia que não podia dizer a todos para se comunicarem de outra maneira. Tal mudança parecia ser grande demais.

Quando o estresse de sua caixa de entrada começou a afetar sua saúde e bem-estar, Alan sabia que algo precisava mudar.

Agora, ele tem claros requisitos de comunicação. Sua regra número um é: "sem surpresas". Ao contrário de alguns CEOs que preferem acumular informações até que surja uma situação realmente urgente, Alan quer saber o que está acontecendo *o tempo todo*.

Sua equipe agora envia pequenas e frequentes atualizações usando WhatsApp. Foi o fim dos longos e-mails. Nada de conversas demoradas.

Estas microatualizações significam que Alan está sempre bem situado. Ele nunca é pego desprevenido já que pode ver os problemas se agravando com antecedência, e corrigi-los antes que eles evoluam.

Sim, ele olha muito o WhatsApp, mas acha eficiente reservar pequenos momentos, ao longo de seu dia, para ficar rapidamente informado, sem estresse.

Este estilo de comunicação não funciona para todos, mas funciona para Alan —e é isso que importa.

Cinco passos para a maestria

1. Esclareça antecipadamente suas expectativas

Não deixe que as pessoas tentem adivinhar o que lhe faz feliz. Isso é um desperdício de tempo para todos.

Esclareça os padrões que mais lhe interessam e anote-os para que possam ser facilmente compartilhados com sua equipe.

Você sabe quem é ótimo em articular suas necessidades? Os músicos. Eles sabem como conseguir o que querem. Van Halen é famoso por uma extensa lista escrita de exigências, incluindo M&M's em todos os locais — mas "sem absolutamente nenhum marrom". Mary J. Blige exige alcaçuz da marca Red Vines, refrigerante Dr. Pepper diet e velas Aveda onde quer que ela toque.

Pense na sua lista de exigências como o guia de viagens. Quanto mais específico você for, mais chance terá de conseguir o que deseja.

Sua lista deve ser lida por todos que trabalham com você, incluindo funcionários em tempo integral, contratantes, consultores e fornecedores.

Certifique-se de incluir coisas da visão global do negócio, como os valores fundamentais de sua empresa, com uma explicação simples do que significam. Seus valores fundamentais devem dar às pessoas uma compreensão clara dos comportamentos que são aceitáveis para você. Não se preocupe com os valores fundamentais ambíguos, suaves ou estereotipados (por exemplo, "melhor atendimento ao cliente" e "inovação"). A imprecisão não ajudará ninguém a se alinhar às suas expectativas.

Certifique-se também de incluir instruções minuciosas sobre suas preferências pessoais. Por exemplo, eu me certifico de que minha equipe saiba que prefiro mensagens à comunicação por e-mail e chamadas telefônicas a reuniões presenciais. Alguns CEOs estipulam que as reuniões nunca devem exceder sessenta minutos e devem terminar com, pelo menos, cinco itens de ação claros. Outros têm diretrizes extremamente específicas sobre o desenvolvimento e entrega de produtos.

A chave é conhecer a si mesmo, e saber o que o deixa irritado quando não é feito corretamente.

Ação

Como você realmente quer que as pessoas trabalhem com você? Liste cinco coisas que você deseja que todos em sua equipe sempre façam — ou nunca façam — quando trabalham com você.

1.
2.
3.
4.
5.

2. Pratique solicitando as pequenas coisas que importam para você

Isto pode ajudá-lo a se sentir mais à vontade para expressar seus padrões em geral.

Se você estiver em um táxi e a temperatura estiver desconfortável, solicite um ajuste. Se você quiser um acompanhamento diferente para sua refeição, vá em frente e peça.

Sim, estas coisas podem parecer insignificantes. Mas você ficará mais satisfeito se suas preferências forem atendidas, e aprenderá a poderosa arte de pedir com educação.

A palavra-chave aqui é *pedir*. Exigir é decididamente menos eficiente, e você parecerá uma diva aonde quer que vá.

Mas se você pedir, as pessoas muitas vezes se esforçarão para atendê-lo. E, se não puderem, elas têm a opção legítima de dizer não.

Conseguir o que você quer pode (e deve) ser um processo civilizado. Observe sua escolha de palavras. Perceba seu tom. Repare se você está aberto ao ponto de vista da outra pessoa. Com a abordagem correta, você geralmente pode pedir, e receber, exatamente o que você precisa.

Ação

Que coisas você tolera regularmente que podem ser resolvidas com um simples pedido?

TOLERÂNCIA	PEDIDO
1.	
2.	
3.	
4.	
5.	

3. Pratique a decepção elegante e nunca diminua seus padrões

As pessoas tentarão atender às suas necessidades e, às vezes, falharão. Você precisa aceitar esta realidade e desenvolver soluções.

Recuar e aceitar um desempenho abaixo do padrão não é a abordagem correta. Em vez disso, pratique a decepção elegante e peça novamente.

Admito que sou um caso extremo. Fico decepcionado com o atendimento ao cliente que recebo 98 por cento do tempo. Se eu não monitorasse cuidadosamente minha atitude e comportamento, eu poderia passar pela vida como um grande idiota. Mas esta não é uma boa maneira de se viver, e não ajudaria a minha causa.

Quando recebo um serviço de má qualidade em restaurantes ou lojas, faço o meu melhor para ser compassivo e não descarregar minha frustração na pessoa que está tentando me ajudar. Lembro a mim mesmo que pode faltar treinamento aos funcionários. Lembro que todos têm dias ruins. Muitas vezes, as pessoas estão fazendo o melhor que podem.

Aprendi a explicar *calmamente* quando algo não está satisfatório, e a fazer um pedido específico sobre como corrigir aquilo. Certifico-me de que minhas escolhas de palavras se concentrem no resultado, não em nada pessoal sobre o indivíduo, ou em seu desempenho.

Ação

Que tipos de situações lhe fazem perder a calma?

Faça questão de empregar o método de um pedido calmo na próxima vez que surgir uma situação.

SITUAÇÃO	PEDIDO
1.	
2.	
3.	
4.	
5.	

4. Estabeleça um padrão elevado e seja mais específico

Ao longo da vida, você aprende mais sobre o que funciona para você e o faz feliz. Não há problema em se tornar mais exigente com o passar do tempo.

Quando comecei a falar em público, há muitos anos, eu tinha uma breve, mas essencial, lista de exigências que eu enviava para os locais: um microfone Lavalier, um projetor e água. Agora minha lista é mais extensa, e muito mais específica, porque conheço bem a vasta gama de coisas que me são úteis — e que podem dar errado. Eu não estou agindo como uma diva por conta disso, ninguém está separando os M&M's marrons. Mas tenho certeza sobre o que preciso para fazer bem o meu trabalho.

Por isso, asseguro que os locais tenham uma bateria de reserva para o Lavalier, e uma mesa para meu notebook que fique perto de uma tomada elétrica. Peço que todos os equipamentos de áudio e vídeo tenham sido testados antes de eu chegar, e que um técnico esteja lá para me encontrar uma hora antes de eu falar. Solicito uma jarra de água sem gelo e dois copos. A lista continua... muito específica.

A questão é que agora eu sei mais sobre o que preciso para ter sucesso. E as pessoas geralmente ficam felizes em me receber.

Ação

Que checklists você precisa criar para que as pessoas possam ajudá-lo a conseguir mais sucesso em situações de alto risco?

MINHA LISTA DE SITUAÇÕES DE ALTO RISCO

SITUAÇÃO	EXIGÊNCIAS
1.	
2.	
3.	

5. Saiba quando desistir de alguém

Com o tempo, ficará claro quem é capaz de atender às suas expectativas e quem não é. Mesmo com pedidos feitos com educação e mais de uma vez, você encontrará algumas pessoas que não conseguem atender a seus padrões. Elas simplesmente não conseguem lhe satisfazer.

Em situações em que você tenha sido claro como água e alguém não consiga entregar o esperado, você precisa alterar a função da pessoa para que ela consiga entregar, ou então, encontrar outra pessoa.

Não se preocupe com isso. Algumas pessoas não se adequam a você.

Há um vasto mundo lá fora. Alguém será capaz de atender às suas exigências. Rompa os laços. Siga em frente. Teste algumas outras opções. Será possível encontrar alguém que realmente lhe atenda.

Ação

A quais membros da equipe você precisa…

Dar uma última chance de atender às suas expectativas?

1.
2.
3.

Romper os laços e encontrar uma alternativa?

1.
2.
3.

Você precisa se empenhar nisto se…

1. Você hesita em dizer o que realmente quer, para não parecer exigente.
2. Você frequentemente aceita resultados que são inferiores aos que você espera.
3. Você conserta as coisas para que elas fiquem dentro de seus padrões.

4. As mesmas frustrações continuam acontecendo com as mesmas pessoas.
5. Você se contenta regularmente com situações menos que ideais.

Autoavaliação
Quão habilidoso você é em fazer com que as pessoas atendam seus padrões?
Em uma escala de 0 (baixo) a 10 (alto): ___________

14

Enfrente conversas difíceis

"Eu prefiro uma feia verdade a uma bela mentira."
SHAKIRA

A maioria dos líderes não são tão duros com suas equipes quanto as pessoas pensam.

Na verdade, se você é como a maioria, você já tomou providências para evitar conflitos com seus subordinados diretos... porque você se preocupa com essas pessoas. Você não quer ofender ninguém.

É compreensível. Você é humano. A maioria de nós preferiria fazer um tratamento de canal do que dizer algo difícil para alguém de quem gostamos.

Mas a realidade é que, às vezes, as pessoas fazem coisas que estão longe do ideal. Elas fazem coisas que lhe deixam frustrado, desconfortável ou irritado. Você não pode deixar que transgressões importantes sejam ignoradas, ou o ressentimento se acumulará dentro de você até que, um dia, você exploda.

Parte de ser um líder é ajudar as pessoas a ver onde foi que elas erraram. A melhor maneira de fazer isso é deixar suas emoções amenizarem e, em seguida, abordar o assunto de frente, dentro de 48 horas após o incidente.

Conversas difíceis como esta são os aborrecimentos mais desagradáveis que você terá que enfrentar como líder (veja o capítulo 5 sobre sapos). Não há saída. Apenas faça o que precisa ser feito para seguir em frente.

Ponto-chave
Enfrente conversas difíceis dentro de 48 horas.

O segredo é encontrar uma linguagem que torne mais fácil para você passar a informação e para o destinatário ouvi-la.

Seja direto *e* compassivo, não apenas um ou outro. Concentre-se em fatos e sentimentos, não em opiniões. As opiniões só levam ao desastre.

Resumo simples

Fique à vontade para entregar a verdade incômoda *rapidamente*.

HISTÓRIA

Victor tinha uma certa tendência vingativa.

Como CEO de uma empresa de tecnologia em rápido crescimento, ele provou de muitas maneiras ser um líder capaz. Mas, por natureza, ele achava muito difícil dar feedback. Ele se sentia desconfortável ao tratar de questões de desempenho ou comportamento.

Victor canalizou sua frustração na "Lista": uma lista de funcionários, cada vez maior, com os quais ele precisava ter uma conversa séria.

Os funcionários e executivos sabiam que a Lista existia, mas ninguém nunca soube quem estava nela — ou por quê. De vez em quando, sem aviso prévio, Victor cortava alguém da Lista. Como um franco-atirador na noite, ele simplesmente encerrava a carreira da respectiva pessoa na empresa.

As pessoas viviam com medo.

Claramente, a situação não era sustentável. E quando Victor percebeu que estava criando uma cultura de medo e angústia, eu o orientei sobre como dar feedback diretamente à sua equipe assim que surgissem problemas.

Levou algum tempo para superar seu desconforto, mas, usando o modelo de conversa difícil, ele desenvolveu um novo hábito para resolver os problemas no mesmo dia em que eles aconteciam.

A Lista agora é passado. Encarar seus próprios medos fez de Victor um comunicador e líder melhor. A cultura da empresa mudou — as pessoas agora se concentram no trabalho em questão, em vez de temerem por seus empregos.

Cinco passos para a maestria

1. Espere algumas horas até você se acalmar

Quando um membro de sua equipe diz ou faz algo que excede os limites, você pode sentir uma vontade ardente de responder de forma precipitada.

A maioria das pessoas sabe quando está prestes a dizer algo de que se arrependerá. Mesmo que uma pequena parte de você queira dizê-lo de qualquer maneira, espere. Deixe sua mente se acalmar. Encontre uma maneira de processar suas emoções dentro de 48 horas sem reprimi-las.

Às vezes, uma boa noite de sono faz toda a diferença. Não espere mais de 48 horas, a menos que você ainda esteja muito frustrado para ter uma conversa calma e profissional sobre o assunto. Com o passar do tempo, o tópico vai parecer menos importante, mas não é. Aja enquanto está no centro da questão.

Ação

Com quem você precisa ter uma conversa difícil nas próximas 48 horas?

---

2. Agende a conversa

Encontre a pessoa no escritório e diga-lhe algo como: "Ei, eu gostaria de ter uma conversa com você esta tarde. Será que poderíamos nos falar às 15h?" Você pode fazer esse pedido por e-mail (ou por mensagem de texto se preferir), mas deixe claro que você está pedindo uma conversa frente a frente.

Conversas difíceis, sempre que possível, devem acontecer pessoalmente. Elas *nunca* devem acontecer por e-mail ou mensagem de texto. Jamais. Estes meios só aumentam a tensão.

Se a distância for um fator, ou se houver outras circunstâncias complicadoras, o telefone é aceitável, embora não seja o ideal. Uma videoconferência é melhor.

Iniciar a conversa é uma coisa mágica, porque depois não há como voltar atrás. A bola está rolando. Você está comprometido. Está acontecendo.

Na hora marcada, antes de mergulhar de cabeça na conversa, comece confirmando novamente se é uma boa hora para conversar. Se de repente tiver surgido uma crise para a outra pessoa, não inicie uma conversa difícil com ela. Verifique se está tudo bem primeiro. Depois, prossiga.

Ação

Que passo você dará hoje para iniciar uma conversa difícil?

---

3. Planeje o que você vai dizer usando o modelo de conversa difícil

O modelo de conversa difícil é a maneira mais segura e rápida de lidar com qualquer conversa complicada. Ele foi desenvolvido para manter sua raiva, frustração e desconforto sob controle. Sem ele, você pode dizer coisas acaloradas das quais se arrependerá mais tarde. Você pode criar uma discussão desnecessária.

Embora você possa se sentir tentado a deixar suas emoções fluírem, nunca vale a pena causar dano a um relacionamento. Seu remorso durará muito mais do que qualquer satisfação momentânea.

Para gerar uma verdadeira compreensão, suas palavras precisam ser neutras e estratégicas. O planejamento lhe dá o espaço e o tempo para escolher palavras que a outra pessoa seja capaz de compreender.

O modelo de conversa difícil

1. PEÇA PERMISSÃO

Tenha certeza de que a outra pessoa esteja ciente de que vai ouvir algumas informações difíceis. Comece a conversa afirmando isto, para que você não a surpreenda. Certifique-se de que ela esteja pronta para ouvi-lo.

Seja breve e direto. A conversa deve ser mais ou menos assim:

"John, eu gostaria de falar com você sobre um assunto um pouco desconfortável. Você está de acordo com isso? Me permite ser realmente direto com você?"

2. DIGA OS FATOS INEGÁVEIS EM VINTE SEGUNDOS

Com qualquer problema, geralmente há dois ou três fatos, e aproximadamente 427 julgamentos. Sua tarefa é transmitir os fatos. Guarde todos os julgamentos para si mesmo.

Os julgamentos geram culpa e, por causa disso, imediatamente tornam uma conversa tóxica. As pessoas ficam na defensiva quando você leva seus julgamentos para uma discussão. Isso não o levará a lugar nenhum.

Não construa uma história em torno dos fatos, não assuma que você sabe a motivação da outra pessoa. Estas são suas interpretações pessoais do que aconteceu. Pura conjectura. Puro julgamento.

Como há tão poucos fatos reais em qualquer situação, levará cerca de vinte segundos para pontuá-los com clareza.

Se demorar mais do que isso, você pode ter certeza de que se aventurou no território dos julgamentos.

Eis um exemplo de como o julgamento parece em comparação com os fatos:

Julgamento (NÃO faça isso)

"Você me desrespeitou completamente na reunião da diretoria. Você está sempre tentando ser o centro das atenções. Eu sei que você quer mais recursos para seu departamento, mas isso não tem nada a ver com o anúncio de nossa nova ideia de produto."

Apenas os fatos (faça isso)

"Fui pego de surpresa quando você anunciou nossa nova ideia de produto. Pensei que tínhamos concordado que seria necessário mais diligência antes de sabermos se é viável o suficiente para apresentar à diretoria."

3. AFIRME SEUS SENTIMENTOS SOBRE A SITUAÇÃO

A partir de um estado mental calmo e lúcido, diga como a situação o fez se sentir.

O objetivo não é iniciar uma conversa melosa. Contar seus sentimentos ajuda a outra pessoa a entender por que a situação precisa ser resolvida. Isso transmite a importância do assunto e ajuda seu interlocutor a entender por que você está frustrado.

A brevidade é fundamental. Seu tom precisa ser neutro, mesmo que você esteja discutindo emoção. Cuidado para não atribuir culpas. Simplesmente diga sua reação emocional.

Por exemplo:

"Eu me senti muito desconfortável. Foi como se de repente fôssemos rivais em vez de estarmos na mesma equipe."

4. SUGIRA RESOLVER A QUESTÃO OU FAÇA UM PEDIDO

Você precisa ser muito claro sobre o que resolverá a situação.

Por exemplo:

"Eu gostaria de compartilhar isto com você para que entenda minha perspectiva. Meu pedido é que, quando concordarmos em não falar sobre algo em uma reunião de diretoria, nós devemos nos ater a isso. Se você discordar de mim, vamos conversar antes para que possamos ir à reunião alinhados. O que você acha disso?"

Plano de conversa difícil

Crie o plano para a conversa difícil que você precisa ter:

1. Permissão ______________________________
2. Fatos ______________________________
   ____
3. Sentimentos ______________________________
   ____
4. Resolução sugerida ______________________________
   ____

4. Não importa o que aconteça, siga seu plano

Siga o plano. Siga o plano.

Siga. O. Plano.

É provável que a conversa demore menos de um minuto (ou algum período igualmente curto). As pessoas não podem contestar os fatos nem seus sentimentos.

Você lançou as bases para uma discussão civilizada, e uma rápida solução para um problema complicado.

5. Mantenha a mente aberta. Assuma que deixou passar algumas informações importantes

Mesmo quando seu cérebro não tem todos os fatos, ele gosta de supor que tem. A maioria dos cérebros tem a tendência de acreditar que sua perspectiva é completa, especialmente quando você está abalado.

A realidade é que não se pode ter todos os fatos. Lide com cada conversa difícil a partir deste ponto de vista, e *ouça* o que a outra pessoa tem a dizer. Suponha que você possa estar perdendo informações cruciais, em vez de acreditar que a outra pessoa está errada ou rancorosa. Quando alguém lhe frustra, é fácil vê-lo como um vilão. Se o fizer, cada palavra que sair de sua boca soará beligerante.

Este não é o caminho para uma resolução tranquila e clara. Não é o caminho para o entendimento.

A maneira como você se sente ao entrar na conversa, e os pensamentos que estão em sua cabeça, definem a energia do ambiente. Se você realmente quiser a resolução, não prossiga se sentindo magoado e irritado. Esteja aberto para ouvir um lado completamente diferente e igualmente válido da história. Certifique-se de falar em um tom neutro e não crítico.

Se você se apresentar com o objetivo de fazer as pazes com uma arma na mão, não reclame mais tarde quando a situação sair do controle.

A Tríade de Coaching

Há vários anos, meu coach e eu inventamos acidentalmente um método ridiculamente útil para chegar à verdade em hipervelocidade. O chamamos de *Tríade de Coaching*.

Criamos este método porque percebi que alguns CEOs tinham dificuldades para dar um feedback negativo a seus executivos em conversas individuais. Também notei enormes desconexões entre a forma como as pessoas assimilavam a mesma situação.

Para resolver isto, comecei a realizar reuniões com três pessoas presentes: alguém recebendo feedback, alguém fornecendo feedback e eu, uma terceira pessoa imparcial.

Veja como realizar uma reunião de Tríade de Coaching

a) Marque uma reunião de vinte a trinta minutos com o membro da equipe a quem você deseja dar feedback *e* um coach imparcial de fora da empresa.

b) Na reunião, o membro da sua equipe fala em primeiro lugar. Ele tem no máximo sete minutos para compartilhar duas coisas: como está se desenvolvendo como líder e em que ele acredita que precisa melhorar para ser mais eficaz.
c) Em seguida, você tem de cinco a sete minutos no máximo para dizer o que a pessoa está fazendo bem e no que ela precisa se concentrar para melhorar seu desempenho.
d) Em seguida, o coach resume o que foi dito e esclarece o que foi dito, se necessário. O coach facilita o acordo sobre as áreas em que o membro de sua equipe tomará medidas imediatas para melhorar.
e) Após a reunião, o membro da equipe e o coach pensam juntos em um plano para ajudá-lo a se desenvolver.

O modelo de comunicação vai direto ao âmago da questão. Não há tempo para explicações extensas, ou para dar voltas. Por conta disso, há uma grande clareza. As pessoas sabem onde elas estão.

Há algo sobre a combinação de objetividade, simplicidade, tempo limitado e formalidade que produz uma grande franqueza.

Para funcionar, este modelo precisa ser seguido rigorosamente. Isso *não* pode ser feito em uma conversa individual. Você *não pode* abordar outros tópicos. Seja rigoroso e obtenha resultados profundos.

Você pode encontrar a metodologia da Tríade de Coaching aqui: lawrenceandco.com/books (conteúdo em inglês).

Você precisa se empenhar nisto se...

1. Você não diz nada quando as coisas não vão bem.
2. Você se enfurece quando as pessoas lhe irritam ou decepcionam.
3. Você deixa acumular pequenas frustrações até chegar a um ponto de ruptura e, precipitadamente, demite alguém.
4. As pessoas ficam na defensiva ou abaladas quando você dá um feedback.

Autoavaliação

Quão habilmente você fornece um feedback negativo?

Em uma escala de 0 (baixo) a 10 (alto): __________

15

Ame as lições

"Eu nunca perco. Ou eu ganho ou aprendo."
NELSON MANDELA

Supõe-se que liderar seja doloroso às vezes. Isto é normal.

Você não está sozinho se fica noites sem dormir, se questiona sua sanidade, se às vezes você sente que vai ter um colapso.

Isto é parte da razão pela qual as grandes realizações são tão satisfatórias. Você sabe no fundo do seu coração o quanto mereceu essas conquistas.

Passar pela dor é o que faz você evoluir. Isso o motiva a ficar mais esperto. Suas dificuldades o testam, forçando-o a provar seu verdadeiro compromisso com seus objetivos.

Ponto-chave
Considere que as experiências dolorosas lhe tornam mais forte e mais inteligente.

Mas, sem a perspectiva correta, as dificuldades de liderança podem levá-lo a um lugar sombrio. Você pode se ver preso à dor e a um ciclo mental sobre o que você fez de errado, e pensar que o mundo está contra você.

Você precisa aprender como fazer uma rápida mudança mental para uma perspectiva mais saudável, para não ficar preso na escuridão.

Eu chamo isto de mudança de uma perspectiva "ai de mim" para uma perspectiva "uau!". Você sabe que fez a mudança quando está verdadeiramente entusiasmado com o que deve aprender de uma experiência difícil, sabendo que ela o tornará mais forte.

O segredo desta transformação é definir o significado por trás de sua dor.

O significado muda tudo.

Isso lhe dá uma perspectiva. Permite que você ame os desafios da liderança. Cria o espaço mental para que você possa mudar. Fornece o caminho para que você se torne mais sábio e astuto, em vez de triste e ressentido.

Se você está em um estado "ai de mim", não pode seguir em frente. O infortúnio leva à inação e à falta de criatividade. Você desperdiça energia buscando simpatia, em vez de seguir em frente com otimismo e paixão.

Sejamos honestos: a liderança não é para os mansos. É para pessoas como você, que estão entediadas com uma existência normal. É para pessoas com um desejo ardente de melhorar.

Se você pode ver cada dificuldade pelo que ela realmente é, uma oportunidade de evoluir, toda a sua experiência de vida muda.

Resumo simples

Desenvolva a habilidade de encarar desafios olho no olho e dizer "uau!" em vez de "ai!"

HISTÓRIA

Alessandro criou um desastre que teria encerrado a carreira de um CEO.

Ele se recusou a demitir um CFO veterano, que, em minha opinião, precisava ser demitido. Sempre que eu sugeria contratar outra pessoa, Alessandro persistia. Com tantas outras preocupações prementes para lidar, com certeza, o CFO era bom o suficiente por enquanto.

Então, em um dia fatídico, meu telefone tocou, e era Alessandro. Algo havia dado muito errado com o fluxo de caixa de sua empresa, e ele precisava levantar dois milhões de dólares em dez dias, caso contrário, ele seria mandado embora.

O banco não quis cobrir esse dinheiro, então este homem orgulhoso foi, com o rabo entre as pernas, pedir dinheiro emprestado à família e aos amigos. Conhecendo-o como um homem honrado, as pessoas o ajudaram. Ele levantou os dois milhões de dólares e viveu para contar a história.

Quando nos sentamos para discutir esse incidente depois, ele o descreveu como a experiência mais humilhante de sua vida.

Fiz a ele a pergunta que sempre faço quando algo sai dolorosamente errado: "O que foi absolutamente perfeito nesta situação?" Essa é minha maneira de forçar as pessoas a ver que lição elas precisam aprender.

Alessandro rapidamente percebeu que este quase desastre era o catalisador de que ele precisava para montar a equipe certa, para ter uma compreensão mais profunda de suas finanças e para estar à frente delas.

Ele agiu rapidamente e contratou um CFO de alto nível que o ajudou a reestruturar seu modelo de negócios. Levou apenas seis meses para que Alessandro reembolsasse seus amigos e familiares.

O verdadeiro desfecho da história é que o lucro da empresa agora bate recordes, ano após ano. Foi uma lição difícil de aprender, mas Alessandro agora entende que precisa se concentrar nas pessoas, no lucro e na posição de caixa com a mesma atenção, conforme a estratégia do panorama geral.

Três passos para a maestria

1. Observe o lado positivo da dor

É fácil se prender ao lado negativo da dificuldade, deixar que a raiva ou a frustração o ceguem para o outro ângulo de sua história. Suas dificuldades o tornaram mais astuto, mais sábio, provavelmente uma pessoa e um líder melhor.

Desta forma, as dificuldades são magníficas, e precisam ser celebradas. A dor oferece conhecimento, mas só te permite evoluir se você deixar.

A mente tende a acreditar que sempre soube o que sabe neste momento. Ela toma por certo o conhecimento significativo adquirido de suas dificuldades. Você precisa encontrar uma maneira de ver esta contribuição.

Ação

A esta altura da vida, você já passou por muitas dificuldades que definiram a pessoa que você é hoje. Liste cinco dos desafios mais dolorosos que você precisou superar até agora na vida, e como você ficou mais forte.

DESAFIO DOLOROSO	COMO VOCÊ FICOU MAIS FORTE

2. Faça valer o seu dinheiro

A vida é a melhor professora que você terá. Ela constantemente lhe dá lições à sua maneira. A pergunta é: você está aprendendo?

Quando as coisas dão "errado", você pode se voltar à resistência, ou pode dizer: "Excelente, este é o próximo curso do meu currículo de vida."

É assim que você muda seu cérebro de uma história "ai" para uma história "uau".

Com esta simples mudança mental, você pode transformar tudo. Para cada obstáculo que surgir, se pergunte: "O que devo aprender?"

Treine seu cérebro para procurar a lição, e seja grato por ela, pois é uma chance de ser melhor. É assim que você começa a se sentir bem novamente, e pronto para seguir em frente.

Isto se aplica aos maiores e menores desafios da vida.

Ação

Com que desafios atuais você está profundamente frustrado? Preencha a tabela de desafios atuais com a intenção de compreender o processo de passar de "ai" para "uau".

TABELA DE DESAFIOS ATUAIS

DESAFIO	HISTÓRIA "AI"	HISTÓRIA "UAU"
1.		
2.		
3.		

3. Mude sua história de "ai" para "uau" quando isso for mais importante

A história que você conta a si mesmo sobre qualquer situação é formada de um por cento de fato e 99 por cento de interpretação. Você controla completamente a interpretação.

Infelizmente, a maioria das pessoas não domina a habilidade de escolher conscientemente a interpretação de uma situação. Em vez disso, elas reagem e vão aonde quer que suas emoções as levem. Aprender a tomar conta de como você interpreta seus eventos de vida é uma das maiores oportunidades que você tem para melhorar como um líder.

Então, se um parceiro de negócio de confiança sai da empresa com seus maiores clientes e melhores ideias, como você conta essa história?

- Você poderia contar isso como uma história de traição e agonia para reconstruir seu negócio a partir do zero. É assim que soa uma história **"ai"**.
- Você poderia contar isso como uma história de como você repensou todo o seu modelo de negócios, permitindo-lhe superar a concorrência — e como você aprendeu a escolher parceiros de integridade, não apenas por talento e conexões. Esta é uma história **"uau"**.

Fato engraçado: nenhuma das duas histórias é mais verdadeira do que a outra. Cada uma é cerca de um por cento de fato e 99 por cento de interpretação. Cabe inteiramente a você escolher qual delas você prefere.

Uma história "uau" ajuda você a crescer e a ter uma sensação positiva fluindo em suas veias. Ela o ajuda a seguir em frente.

Ela inspira ação e aprendizado.

Mas você deve saber, é muito mais fácil se apegar às histórias "ai". Todo mundo adora uma boa história de lamentação. As pessoas querem ouvir suas histórias "ai" para poder simpatizar e se lamentar com você. É fácil ser atraído por esta atenção.

É preciso muita coragem e uma prática diligente para mudar para uma mentalidade "uau". Esta é uma habilidade absolutamente fundamental a ser dominada se você quiser vencer na liderança e na vida. Líderes de alto nível rapidamente se tornam "uau" em qualquer situação. Quando a vida te prega uma peça, sua resposta é: "Uau, isto vai ser intrigante e uma grande chance de aprender. Vamos em frente."

É claro, mesmo as mentes mais fortes ocasionalmente se assustam com um desafio particularmente enorme, ou aparentemente inoportuno. Às vezes, você precisa de mais tempo do que o habitual para se envolver em uma situação. Tudo bem. O segredo é evitar a autopiedade e fazer seu caminho para "uau" o mais rápido que puder.

À medida que você pratica a arte do "uau", ela se torna mais rápida e fácil.

Ação

Veja os desafios na seção anterior e liste qual é sua atual história "ai". Depois, qual poderia ser a perspectiva "uau".

O Modelo de Desabafo

Para a maioria das pessoas, o processo natural de liberar a dor de eventos desafiadores da vida pode levar anos. Para alguns, a dor se transforma em toxicidade permanente.

O Modelo de Desabafo foi projetado para ajudá-lo a mudar de uma mentalidade "ai" para "uau!". Ele o ajuda a liberar rapidamente a dor e a ansiedade de uma questão leve a moderada, a descobrir o bem que veio da situação e a fazer disso sua memória dominante. Para situações grandes ou intensas, você ainda pode se beneficiar de ajuda profissional.

O Modelo de Desabafo é o meu método para a faxina mental. Ele leva você de forma eficiente através de todo o ciclo emocional.

Não consigo me lembrar da pessoa que compartilhou esta ferramenta comigo, mas dou os créditos e agradecimentos a essa alma sábia.

Como usar o Modelo

Deixe acontecer. Deixe tudo sair. Escreva cerca de uma página de conteúdo para cada uma das sete seções.

Escreva coisas que você não quer nem mesmo escrever. Escreva em códigos se for necessário. Por fim, livre-se do que escreveu da forma que lhe parecer certa, para expulsar essas toxinas do seu sistema.

Talvez você precise passar por este exercício algumas vezes para processar completamente a dor. No final, você já se livrou de tudo o que havia de ruim e apenas os benefícios permanecem.

Situação ________________________________

1. Eu odeio quando...
   - Eu não suporto...
   - Sinto raiva quando...
2. Me magoa quando...
   - Eu me sinto triste quando...
   - Eu me sinto decepcionado com...
3. Eu temo que...
   - Eu me sinto assustado quando...
   - Receio que...
4. Lamento que...
   - Eu não tinha a intenção de...
   - Por favor, me perdoe por...
5. Tudo o que eu sempre quis foi...
   - Eu quero que você...
   - O que eu quero de você é...
6. Eu entendo que...
   - Eu aprecio...
   - Eu te amo porque...
7. Perdoo-lhe por...
   - Agradeço-lhe por...
   - Estou melhor agora porque...

Ação

Qual situação você mais quer mudar de uma história "ai" para uma história "uau"? Use o Modelo de Desabafo para fazer essa mudança.

Você precisa se empenhar nisto se...

1. Você geralmente não sabe (ou não acredita) que 99 por cento de sua história, sobre qualquer desafio, é pura invenção.
2. Você facilmente se vê preso em tristeza pensando em dificuldades passadas, mesmo que elas provavelmente o tenham tornado mais forte.
3. Quando surge uma nova dificuldade, sua mente rapidamente começa a produzir pensamentos de pesar, sobre como sua vida é difícil e como você deseja que coisas assim não aconteçam com você.
4. Você não aprende. Você continua enfrentando os mesmos tipos de dificuldades, várias e várias vezes.
5. Quando surgem obstáculos, você estagna e deixa de seguir em frente por muito tempo.

Autoavaliação

Quão bem você consegue encontrar o "uau" em seus desafios no trabalho e na vida?
Em uma escala de 0 (baixo) a 10 (alto): __________

16

Continue seguindo em frente

"Não deixamos de brincar porque envelhecemos; envelhecemos porque deixamos de brincar."
GEORGE BERNARD SHAW

Os melhores líderes sabem, lá no fundo, que podem lidar com absolutamente tudo.

Este tipo de confiança é criada ao encarar os monstros nos olhos. Ao caminhar em direção ao medo.

Para alcançar esta confiança, você precisa escolher conscientemente fazer coisas que você acha que não pode fazer. Continue assustando a si mesmo. Você será uma pessoa mais forte, mais astuta, mais confiante — e terá uma vida muito mais intrigante.

A realidade é que os seres humanos são extraordinários e têm uma capacidade sem limites de evoluir. Mas se você não se esforçar o suficiente, seu verdadeiro potencial permanecerá inexplorado.

Ponto-chave
Continue criando oportunidades de ser um principiante aprendendo com os mestres.

É uma estranha ironia que o sucesso o enfraquece se você não tiver cuidado.

Quando somos jovens, a vida gira em torno de experimentar coisas novas. É tudo uma questão de experimentação.

Mas, como líder, você provavelmente passa a maior parte do seu tempo em situações em que você já domina. Você não consegue deixar que a curiosidade o guie para terrenos desconhecidos, como fazia antes na vida.

Isto leva a uma perspectiva distorcida e perigosa de que você tem a vida sob controle; que nada mais pode abalá-lo. Embora possa ser *reconfortante*, isto definitivamente não o colocará na vanguarda.

Todo líder deve ser humilde e voraz, não importa o quão realizado ele seja. Para isso, é preciso deixar de lado as tendências conservadoras que a maioria das pessoas adota inconscientemente quando elas se tornam bem-sucedidas.

No meu caso, continuo encarando esportes radicais como mountain bike, motociclismo e corrida de carros. Estes são leves em comparação com o terror que senti quando estava tentando aprender, no início da minha carreira, a falar em público e a fazer ligações frias, mas são fortificantes mesmo assim.

Enfrentar seus medos o obriga a ficar em um estado de vulnerabilidade. Você se sente temporariamente fraco. Sem talento. Você se torna novamente um principiante, aprendendo com os mestres.

Você se lembrará do que é ser medíocre, e de como se esforçar para chegar à excelência.

Sair vitorioso de um estado vulnerável muda sua psique.

Você fica mais forte. Mais resiliente. Você nutriu sua alma. É assim que sua confiança aumenta.

Resumo simples

Continue desafiando-se para permanecer humilde e voraz.

HISTÓRIA

Minha avó Betty Howatt entrou na universidade aos 81 anos de idade.

Uma mulher brilhante, trabalhadora e envolvente que buscava aprender constantemente, ela e meu avô eram empreendedores de longa data que possuíam uma série de empresas em todo o Canadá.

O que mais se destaca para mim quando penso nos meus avós é como eles estavam sempre fazendo algo novo; sempre se aventurando em algum empreendimento ou desafio.

Portanto, não fiquei totalmente surpreso ao descobrir que minha avó — que foi forçada a abandonar a escola no terceiro ano do ensino médio — estava cursando o ensino superior em seus anos dourados.

Ela disse a minha mãe que pretendia estudar teologia e seu impacto na sociedade ao longo da história. Ela tinha interesse por temas profundos. Minha mãe a descrevia como uma verdadeira leitora, o tipo de mulher que consumia livros sérios por prazer.

Betty morreu aos 84 anos, apenas três anos depois de ter começado a universidade. Acho que se pode dizer que foi o último e grande desafio dela.

Quando preciso de um empurrão, de um pouco de inspiração, penso na minha mãe, que me disse — não uma, mas mil vezes — "apenas siga em frente". (Acho que sei de onde ela tirou isso!) E então visualizo minha avó que não deixou que nada a impedisse: nem os desafios dos negócios e certamente não a idade dela.

Para mim, ela é um exemplo brilhante de como você pode testar seus limites e viver a vida plenamente.

Quatro passos para a maestria

1. Saiba o que deu certo no passado

Todos têm um histórico de testar limites pessoais. São aqueles momentos na vida em que se pensa: "Posso fracassar miseravelmente, mas, caramba, pelo menos estou tentando." Ou quando você precisou passar por dificuldades para se tornar bom em algo novo porque você estava no caminho certo.

Faça uma lista dos momentos desafiadores de sua vida, quando você se esforçou, permaneceu firme e se tornou mais confiante. Como você cresceu a partir de cada situação?

DESAFIO	COMO VOCÊ CRESCEU
1.	
2.	
3.	
4.	
5.	

2. Crie uma lista de desenvolvimento pessoal

Muitas vezes as pessoas querem se desenvolver pessoalmente, mas, sem um plano claro, isso não acontecerá. Portanto, faça um plano.

Escreva uma lista de desenvolvimento pessoal e inclua todas as coisas que você gostaria de fazer para crescer como pessoa.

É como uma espécie de lista de desejos, mas com uma intenção mais orientada. Ela não deve incluir coisas dramáticas como arrecadar milhões de dólares para caridade, ou subir o Everest — embora possa.

Talvez sua lista deva incluir dominar fotografia de ação, aprender a tocar violão ou tornar-se um instrutor de mergulho certificado. Talvez você queira meditar em silêncio por dez dias, ou aprender espanhol. Pode ser que você queira superar seu medo de serpentes (fiz isso!), ou o de falar na frente de cem pessoas.

Os detalhes dependem de você, mas você deve selecionar coisas que realmente lhe trarão desenvolvimento pessoal. Cada uma delas precisa deixá-lo desconfortável.

Inclua coisas que você adoraria fazer simplesmente pela alegria de fazê-las, e os medos que você adoraria superar.

Ação

Preencha a primeira coluna de sua lista de desenvolvimento pessoal.

LISTA DE DESENVOLVIMENTO PESSOAL

EU GOSTARIA DE...	GUIA LOCAL
1.	
2.	
3.	
4.	
5.	
6.	
7.	
8.	
9.	
10.	

3. Encontre guias locais

O aprendizado tem duas moedas: tempo e dinheiro. Você poderia investir milhares de horas para se tornar proficiente em uma nova área — lendo livros, assistindo a vídeos do YouTube e aprendendo através de tentativa e erro. Esta é uma maneira válida e gratificante de aprender para algumas pessoas.

Como sua vida já está muito ocupada, pode ser útil abrir a carteira e contratar especialistas para ajudá-lo a lidar com sua lista de desenvolvimento pessoal. Como os guias locais, esses especialistas já conhecem o terreno e podem acelerar seu processo de aprendizagem.

Portanto, considere encontrar um professor de fotografia, fazer uma aula de meditação ou inscrever-se para aulas particulares de espanhol. Para mim, os guias locais são sempre o caminho a seguir quando quero aprender coisas novas para o trabalho ou para a vida. Recentemente, meu filho e eu nos juntamos a uma equipe de karting por esta razão. Recebemos instruções de direção especializadas e suporte técnico para nossos karts. E, acredite em mim, fizemos uma boa escolha. Há muito mais no kartismo do que se vê. Agora entendo porque é o ponto de partida para tantos pilotos de Fórmula 1. De qualquer forma, acho que especialistas tornam mais fácil para mim abordar novas áreas. Sinto-me menos intimidado e isso significa que eu tento coisas novas muito mais facilmente.

Este é outro grande motivo para contratar um coach para assuntos de negócios e da vida. Dependendo do desafio que você enfrenta, um coach pode ser um grande guia.

Ação

Preencha a coluna "guia local" em sua lista de desenvolvimento pessoal para indicar as áreas em que você gostaria de ter um guia.

4. Apenas dê um passo adiante. Nunca é tarde demais para começar

Tal como saltar em um lago frio ou fazer um telefonema que você teme, esperar não lhe faz bem nenhum. Você precisa simplesmente ir em frente e pode ter certeza de que ficará feliz por isso.

Mesmo que não seja de sua natureza experimentar coisas novas, buscar o desenvolvimento pessoal é um hábito que pode ser aprendido. As pessoas que me conhecem hoje se espantam quando eu lhes digo que fui uma criança bastante tímida e hesitante. Mas é verdade. Eu não vim a este mundo como o aventureiro que sou hoje. Tenho que agradecer a minha mãe pela transformação.

Ela frequentemente via um olhar de curiosidade (ou de medo) em meus olhos quanto a fazer coisas que aparentemente deixava outras crianças muito contentes. A cada oportunidade, ela me persuadia gentilmente a agir, dizendo: "Vá em frente."

Aquelas simples palavras me ensinaram a superar meus medos. Elas me ajudaram a enfrentar situações sociais com coragem, a experimentar uma variedade de esportes e, em geral, a entender que as pessoas são capazes de muito mais do que pensamos.

Quando minha avó materna entrou para a universidade aos 81 anos, para seguir uma paixão por estudos religiosos, aprendi outra lição. A idade não importa.

Você pode dar saltos ousados e pessoais em qualquer idade, e ser uma pessoa melhor por conta disso. Muitas pessoas chegam à meia-idade e ficam estagnadas em uma forma singular de ser. Novos esforços radicais podem ser contemplados, mas nunca perseguidos.

No final, você vai se arrepender de viver desta maneira. Portanto, não se arrependa.

Em algum lugar dentro de você, há uma voz que diz: "Apenas vá em frente." Ouçam.

Ação

Qual item de sua lista de desenvolvimento pessoal é o que mais lhe chama a atenção?

____

Você precisa se empenhar nisto se...

1. Nos últimos seis meses, você não pensou uma única vez: "Como raios eu vou conseguir sair disto vivo?!"
2. Nos últimos 12 meses, você não tentou nada novo e foi um tremendo fracasso.
3. Se um desafio o faz temer, é provável que você desista.
4. Recentemente, você não se sentiu como a pessoa menos competente em um grupo.
5. Há algo que você adoraria tentar se houvesse alguém que pudesse lhe ensinar.

Autoavaliação

Quão bem você amplia regularmente seus limites pessoais?

Em uma escala de 0 (baixo) a 10 (alto): __________

17

Planeje, planeje e planeje novamente

"Todo mundo tem um plano até levar um soco na boca."
MIKE TYSON, lutador

Planejamento e replanejamento são duas das habilidades mais fundamentais e subutilizadas da liderança.

Todos, desde Stephen Covey e Oprah Winfrey, até sua própria mãe, lhe dirão que se você não souber para onde vai, nunca chegará lá.

O tempo é finito. Você precisa saber exatamente onde investir suas horas e energia para obter os resultados que realmente deseja. Você precisa saber em que oportunidades se concentrar agora, e quais abandonar ou reservar para o futuro.

Sem um plano, fica muito fácil se distrair e se concentrar em muitas coisas ao mesmo tempo, dividindo seus esforços e alcançando menos objetivos.

Minha abordagem de planejamento é distinta. Acredito que você precisa ter um plano mestre simples para a vida que o cerca — incluindo trabalho, ego e vida pessoal.

Planos longos são guardados em gavetas e esquecidos. Planos que incluem apenas seus objetivos de negócios e não têm nada a ver com você ou com a sua vida, proporcionam exatamente o que você esperaria... um negócio de sucesso e uma vida desordenada e sem brilho.

Um plano mestre simples e que abranja trabalho, ego e vida pessoal sincroniza todos os aspectos de sua realidade, para garantir que você alcance uma visão maior... um negócio ou carreira incrível *e* uma vida incrível.

Ponto-chave
Tenha um plano mestre simples e que abranja trabalho, ego e vida pessoal.

Como todos os grandes planos, seu plano mestre deve começar com uma visão de longo prazo, seu panorama definitivo do quadro geral. Então, você pode mapear metas apropriadas de médio e curto prazo que conduzam a essa visão.

Em seguida, novas informações e ideias surgirão em seu caminho. Ocasionalmente, a vida vai frustrar seus planos. Devido a esta realidade, o *replanejamento trimestral é absolutamente crucial.*

A cada trimestre, faça um balanço de novas informações, aprendizados e ideias. Estabeleça as metas do próximo trimestre a partir de uma perspectiva atual. Esta é sua chance de corrigir o curso. É sua chance de ser estratégico. E de trazer sua visão de longo prazo para o contexto de sua vida diária.

Três passos para a maestria

1. Comprometa-se com o planejamento anual

Para seu planejamento anual, use a planilha meu plano mestre*:

1. reveja e reflita sobre seus resultados envolvendo trabalho, ego e vida do ano anterior.
2. estabeleça metas de longo prazo para o trabalho, o ego e a vida pessoal com base em sua visão definitiva de uma vida incrível.

3. estabeleça objetivos de médio prazo para o trabalho, o ego e a vida pessoal que levem diretamente à sua visão de longo prazo.
4. estabeleça metas anuais para o próximo ano com relação ao trabalho, ao ego e à vida pessoal que levem diretamente a suas metas de médio prazo.
5. planeje seu foco para o trimestre:
   a) faça a Autoavaliação do Oxigênio, que pode ser encontrada em: lawrenceandco.com/books (conteúdo em inglês). Escolha um dos 17 hábitos para aprimorar e praticar no próximo trimestre.
   b) escolha seu projeto número um para cada trimestre do próximo ano. Por que apenas um? Com quanto mais coisas você se comprometer a cada trimestre, menor a probabilidade de sucesso em qualquer uma delas.
6. todos os anos, repita este processo. Para sempre.

* *Você vai encontrar o plano mestre e as planilhas de redefinição trimestral nas páginas seguintes. As versões digitais estão disponíveis em lawrenceandco.com (conteúdo em inglês).*

AVALIAÇÃO ANUAL

COMO FOI O ANO?

TRABALHO Carreira, dinheiro e investimentos	**EGO** Ser feliz, forte e saudável	**VIDA PESSOAL** Amigos, família e comunidade
Suas maiores vitórias ou conquistas do ano?		
Seus maiores desafios, frustrações ou decepções?		
As maiores lições de seus erros?		
ÍNDICE DE PAIXÃO: Como você investiu sua energia este ano?		
________%	________%	________%
O que teria sido ideal para você ser seu melhor?		
________%	________%	________%
Se você pudesse viver o ano novamente, o que faria de diferente?		

MEU PLANO MESTRE

AS COISAS QUE MAIS IMPORTAM

VALORES ORIENTADORES	**PONTO IDEAL** Para dedicar noventa por cento do seu tempo	**NÃO FAZER OU TOLERAR**

	TRABALHO Carreira, dinheiro e investimentos	**EGO** Ser feliz, forte e saudável	**VIDA PESSOAL** Amigos, família e comunidade
	O essencial em sua vida		
A alcançar			
A aproveitar ou experimentar			
A ser lembrado por			
	Melhorar em três anos		
Índice de paixão	________%	________%	________%
Objetivo nº 1			
Objetivo nº 2			
	Alcançar este ano		
Índice de paixão	________%	________%	________%
Meta nº 1			
Meta nº 2			

PLANO TRIMESTRAL

PLANO PARA O TRIMESTRE _____ DE _____

	TRABALHO Carreira, dinheiro e investimentos	**EGO** Ser feliz, forte e saudável	**VIDA PESSOAL** Amigos, família e comunidade
Índice de paixão	_________%	_________%	_________%
Projeto nº 1			
	Outros projetos		
Projeto nº 2			
Projeto nº 3			
Sapo nº 1			
Sapo nº 2			
Hábito para começar*			
Parar			
	Ações para fazer esta semana?		

* Escolha um dos 17 hábitos deste livro.

2. Replaneje trimestralmente

Use a planilha de *redefinição trimestral* no final de cada trimestre para:

1. rever e refletir sobre seus resultados de trabalho, ego e vida pessoal do trimestre anterior.

2. planejar seu foco para o próximo trimestre.
   a) Faça a Autoavaliação do Oxigênio. Segue novamente o endereço: lawrenceandco.com/books (conteúdo em inglês). Escolha um dos dezessete hábitos para aprimorar e praticar no próximo trimestre. Talvez você se dedique ao menos alguns trimestres seguidos até conseguir o progresso que deseja.
   b) Decida seu projeto nº 1 para o trimestre com base na mais nova e melhor visão que você tem atualmente sobre o que o ajudará a alcançar suas metas anuais para o trabalho, ego e para a vida pessoal.

3. Repita o processo

Replaneje a cada trimestre por três trimestres, até que seja hora do planejamento anual novamente.

REDEFINIÇÃO TRIMESTRAL

AVALIAÇÃO DO TRIMESTRE _____DE _____

TRABALHO Carreira, dinheiro e investimentos	**EGO** Ser feliz, forte e saudável	**VIDA PESSOAL** Amigos, família e comunidade
Suas maiores vitórias ou conquistas do ano?		
Seus maiores desafios, frustrações ou decepções?		
As maiores lições de seus erros?		
ÍNDICE DE PAIXÃO: Como você investiu sua energia este ano?		
_________%	_________%	_________%
O que teria sido ideal para você ser seu melhor?		
_________%	_________%	_________%
Se você pudesse viver o ano novamente, o que faria de diferente?		

PLANO TRIMESTRAL

PLANO PARA O TRIMESTRE _____ DE ____

	TRABALHO Carreira, dinheiro e investimentos	**EGO** Ser feliz, forte e saudável	**VIDA PESSOAL** Amigos, família e comunidade
Índice de paixão	________%	________%	________%
Projeto nº 1			
	Outros projetos		
Projeto nº 2			
Projeto nº 3			
Sapo nº 1			
Sapo nº 2			
Hábito para começar*			
Parar			
	Ações para fazer esta semana?		

* Escolha um dos 17 hábitos deste livro.

Resumo simples

Suas conquistas serão maiores e você desfrutará mais da vida se fizer um planejamento adequado e replanejar uma disciplina anual e trimestral.

Você precisa se empenhar nisto se...

1. Você cria planos elaborados e exaustivos que raramente segue.
2. Você não está atingindo consistentemente as metas que imagina.
3. Você se deixa levar por inspirações repentinas e projetos que o afastam de suas verdadeiras prioridades.
4. Você realiza muitas conquistas em uma área de sua vida (provavelmente o trabalho) e sente que está se sacrificando demais em outras áreas.

Autoavaliação

Quão disciplinado você é quanto a planejamento e replanejamento?

Em uma escala de 0 (baixo) a 10 (alto): __________

Palavras finais

Ficar parado acaba com grandes líderes.

Você não pode ser a mesma pessoa que era há seis meses, e lidar com os desafios que seu negócio apresenta hoje. Você precisa ser uma nova pessoa, evoluindo o tempo todo, dando um passo à frente continuamente para atender à sua nova realidade.

Desta forma, a liderança de alto crescimento é como subir a escada rolante que está descendo. Se você não der o próximo passo, ficará para trás. Ficar no mesmo lugar não é uma opção. Você só pode seguir em frente ou retroceder.

A intensidade deste comprometimento não é para todos, mas quando é para você, você sabe disso.

Este livro foi escrito especificamente para guiá-lo nesta jornada, com o objetivo de que você continue voltando a ele ao longo dos anos, para continuar a se fortalecer e para construir os hábitos necessários a fim de ser um líder magistral.

Eu adoraria ouvir as histórias de sua jornada de liderança. Convido-o a enviar histórias, sugestões, técnicas e ferramentas que funcionem para você.

Vou encerrar este livro com a mesma citação que comecei, com o desejo genuíno de que você viva sua versão de uma vida incrível:

"A vida não deve ser uma jornada ao túmulo com a intenção de chegar com segurança em um corpo bonito e bem preservado, mas sim um deslizar por entre nuvens de fumaça, dando tudo de si, desgastando-se completamente, e em voz alta dizer: 'Uau! Que jornada!'"

HUNTER S. THOMPSON

Agradecimentos

Mentores e professores

Estendo minha gratidão e respeito às pessoas notáveis que me guiaram ao longo de minha própria jornada de liderança. Considero-me sortudo por conhecê-los. Tudo começou com Norm e Lois Lawrence (também conhecidos como pai e mãe) e Betty Howatt (minha avó), e depois continuou com Matt Jamieson, Joff Grohne, Warren Morgan, Teresia LaRocque, Thomas Leonard, Greg Clowminzer, Nan O'Connor, Verne Harnish, Ron Huntington, Jim Collins e Obaid Al Tayer.

Colaboradores e apoiadores do livro

As pessoas falam sobre como é preciso uma aldeia para criar uma criança. Descobri que isso também vale para escrever um livro. Agradeço a todas essas pessoas prestativas, em ordem alfabética.

Carolynn Arthur, Andrew Barber Starkey, Karen Beattie, Nigel Bennett, Peter Boolkah, Ed Capaldi, Danny Chase, Keith Cupp, Hazel Jackson, Steve Dale-Johnson, Nicole Davis, Doug Diamond, Hayley Erner, Jay Evans, David Greer, Ian Hills, Sue Hollis, Casey Langbroek, Michelle LaVallee, Norm e Lois Lawrence, Andrew Limouris, Julie Prescott, Mary Rezek, Dean Ritchey, Angela Santiago, Mark Smiciklas, Richard Vann.

Um agradecimento muito especial a Jacqueline Voci, que tem sido minha parceira de escrita e editora deste livro — não poderia tê-lo feito sem seus conhecimentos e determinação.

E, por último, mas não menos importante, Janice Watkins, que trabalha incansavelmente para me ajudar a fazer um grande trabalho para nossos clientes. Seu apoio inabalável me ajuda a dar o melhor de mim.

Família

Não se pode dizer o suficiente sobre as pessoas incríveis que eu chamo de família. A vida selvagem e aventureira que eu vivo é enriquecida por meus companheiros de viagem. Obrigado à minha esposa Angela, ao meu filho Brayden e à minha filha Ashley.

Recursos adicionais do coach Kevin

Visite lawrenceandco.com/books (conteúdo em inglês), onde você encontrará ferramentas, insights, vídeos e outros recursos relacionados a este livro, inclusive:

- Kit de Ferramentas Coloque a máscara primeiro em você
- A Autoavaliação do Oxigênio
- Não deixe de verificar com regularidade, frequentemente acrescentarei mais recursos.

Livros mais recomendados pelo coach Kevin

1. *A arte da guerra,* Sun Tzu
2. *Feitas para durar,* Jim Collins e Jerry I. Porras
3. *A estratégia do oceano azul,* Kim/Mauborgne
4. *Clarity: Clear Mind, Better Performance, Bigger Results,* Jamie Smart
5. *Confessions of the Pricing Man,* Hermann Simon
6. *Conversas cruciais,* Patterson/Grenny/McMillan/Switzler
7. *Os segredos dos grandes artistas,* Mason Currey
8. *Death By Meeting,* Patrick M. Lencioni
9. *Trabalho focado,* Cal Newport
10. *Execução,* Ram Charan
11. *Consiga o que você quer,* Stuart Diamond
12. *Empresas feitas para vencer,* Jim Collins
13. *Vencedoras por opção,* Jim Collins
14. *The Great Game of Business,* Jack Stack/Bo Burlingham
15. *Hide a Dagger Behind a Smile,* Kaihan Krippendorff
16. *High Output Management,* Andrew S. Grove
17. *Como as gigantes caem,* Jim Collins
18. *Como fazer amigos e influenciar pessoas,* Dale Carnegie
19. *As armas da persuasão,* Robert Cialdini

20. *Islands of Profit in a Sea of Red Ink,* Jonathan L. S. Byrnes
21. *Meetings Suck,* Cameron Herold
22. *Multiplicadores,* Liz Wiseman e Greg Mckeown
23. *Descubra seus pontos fortes 2.0*, Marcus Buckingham
24. *Empatia assertiva,* Kim Scott
25. *Rookie Smarts,* Liz Wiseman
26. *Scaling Up*, Verne Harnish
27. *Scrum,* Jeff Sutherland/J. J. Sutherland
28. *Comece pelo porquê*, Simon Sinek
29. *Team of Teams,* Stanley McChrystal/Tantum Collins/David Silverman/Chris Fussel
30. *Os 5 desafios das equipes,* Patrick M. Lencioni
31. *The 7 Hidden Reasons Employees Leave,* Leigh Branham
32. *As cinco tentações de um CEO,* Patrick M. Lencioni
33. *A startup enxuta*, Eric Ries
34. *O gerente minuto,* Kenneth Blanchard e Spencer Johnson
35. *The Only Way to Win*, Jim Loehr
36. *O princípio de OZ,* Roger Connors
37. *O poder do* hábito, Charles Duhigg
38. *A pergunta definitiva 2.0,* Fred Reichheld
39. *Pense e enriqueça,* Napoleon Hill
40. *Topgrading 3ª Edição,* Bradford D. Smart ou *Who*, Geoff Smart
41. *Tribal Leadership*, Logan/King
42. *Turn the Ship Around,* David Marquet

Sobre a Lawrence & Co.

Nós não oferecemos melhores práticas. E não somos para os fracos de coração.

Nós oferecemos insights e ferramentas reais com base em vinte anos de experiência real de negócios, trabalhando com algumas das empresas de crescimento mais bem-sucedidas do mundo.

Dispensamos o medo, o desperdício de tempo e as teorias abstratas para levar nossos clientes a estratégias sólidas, balanços patrimoniais saudáveis e ótima rentabilidade.

Acreditamos na facilidade e simplicidade, pois a complexidade é superestimada e ineficiente.

Se você quer um negócio fenomenal e uma vida incrível, entre em contato.

Lawrenceandco.com